Christine Kaniak-Urban / Andrea Lex-Kachel
Wenn Geschwister streiten

Christine Kaniak-Urban / Andrea Lex-Kachel

Wenn Geschwister streiten

Lösungswege, die funktionieren

Illustrationen von
Johanna Ruebel

Kösel

MIX
Papier aus verantwortungsvollen Quellen
FSC® C014889
FSC
www.fsc.org

Verlagsgruppe Random House FSC® N001967
Das für dieses Buch verwendete FSC®-zertifizierte Papier
Munken Premium Cream liefert Arctic Paper Munkedals AB, Schweden.

7. Auflage 2014

Umschlag: Kaselow Design, München
Umschlagmotiv: gettyimages / Ron Krisel
Druck und Bindung: Pustet, Regensburg
Printed in Germany
ISBN 978-3-466-30695-4

Weitere Informationen zu diesem Buch und
unserem gesamten lieferbaren Programm
finden Sie unter www.koesel.de

Inhalt

Kapitel 3

Geschwisterstreit kompetent begegnen 91

Ich wollte, du wärst tot!

Kapitel 4

Als Familie überleben 147

Ich wünsche mir, dass wir uns alle ganz doll lieb haben!

Einleitung

»Meine Schwester – die ist eine eklige Krake!« Mit diesen Worten macht sich der neunjährige Dennis an die Aufgabe, seine Familie in Tiergestalt auf ein Blatt Papier zu malen. Alsbald prangt die 14-jährige Claudia als bedrohliches Krakentier in der Mitte des Blattes. Und als er Sätze ergänzen soll, meint er zum Stichwort Schwester: »Na ja, manchmal sind Schwestern ganz gut.« »Wann?«, frage ich erstaunt. »Wenn sie mir zum Geburtstag einen Kuchen bäckt. Da darf ich nämlich mitmachen!«

Geschwister – eine Schicksalsbeziehung zwischen Hass und Liebe

Geschwister kann man sich nicht aussuchen, sie sind Schicksalsgefährten und die längste Beziehung, die wir Menschen im Leben kennen. Sie waren schon da, als unsere Lebenspartner noch woanders spielten, und sie begleiten uns auch, wenn unsere Eltern sterben. Geschwister teilen mit uns Erinnerungen und Phantasien. Keiner kennt unsere Herkunft, die Menschen, die Erfahrungen, die Orte mit ihren Farben und Gerüchen besser als sie. Geschwister sind unsere ersten »gleichaltrigen« Hass- und Liebesobjekte, wir streiten uns viel mit ihnen, sie sind erste Identifikationsfiguren und zeigen uns auch, wovon wir uns abgrenzen, wie wir nicht sein wollen. Liebe und Einfühlung haben wir durch sie gelernt genauso wie Wut, Ärger und Hass.

Zuneigung und Rivalität sind im Geschwisterleben die beiden Seiten einer Medaille. Fahrradfahren, schwimmen, Geschichten erzählen und vieles mehr lernen wir von unseren Geschwistern oder wir betätigen uns für sie als Lehrmeister, genauso steht es mit Sichkümmern und Füreinandersorgen. Mit wem könnten wir die aufregenden ersten Erfahrungen mit dem anderen Geschlecht teilen oder vor wem diese auch verzweifelt verbergen? Geschwister sind wichtige Vorbilder, sind Konkurrenten und Träger von Geheimnissen, Neider und Probepartner. Mit Geschwistern bauen wir an einer Welt gegen die Übermacht der Eltern. Und regiert in der Paarbeziehung der Eltern der Kampf, dann rücken wir mit unseren Schwestern, mit unseren Brüdern eng zusammen und bilden vielleicht eine Art Notgemeinschaft. Geschwister sind aber auch Bindeglieder zwischen den Eltern drinnen und den Spielgefährten und Freunden draußen.

Geschwister sind die Basisbeziehung unseres Lebens und haben wesentlichen Anteil an dem Menschen, zu dem wir geworden sind, kurz: an unserer Identität. Ob Vertrauen oder Auseinandersetzung unsere Geschwisterbeziehung regiert, gleichgültig ist sie nie. Das innere Modell unserer Beziehungsgestaltung wird nicht nur durch Vater und Mutter geprägt, sondern wesentlich durch unsere Geschwister. Auch Sie als Eltern kennen solche verinnerlichten Beziehungsmuster aus Ihrer Herkunftsfamilie, und es ist gut, von diesen zu wissen und sie freundlich-kundig zu betrachten. Was wir mit unseren Geschwistern erlebt haben und vielleicht heute noch erleben, hat großen Einfluss darauf, wie wir mit unseren eigenen Kindern umgehen.

Lange Zeit wurde das Geschwisterthema in der psychotherapeutischen Literatur nur unter dem Blickwinkel der

Rivalität behandelt. Das Forschungsinteresse richtete sich auf die Eltern-Kind-Beziehung. Heute aber rückt neben dieser Vertikalen der Beziehungen die Horizontale mit ihren wichtigen Einflüssen für die Entwicklung von Kindern in den Vordergrund: der Einfluss der Gleichaltrigen, Kinderfreundschaften und, was die Familie betrifft, die prägenden Erfahrungen mit den Geschwistern. In der Gestaltung dieser horizontalen Sichtweise aber spielen Sie als Eltern eine wichtige Rolle. Damit Sie diesen Erfahrungsraum so einrichten, dass Ihren Kindern entwicklungsförderliche Erlebnisse begegnen und sie diese bewältigen lernen, haben wir dieses Buch geschrieben. Unter dem Schutz starker Eltern kann sich die Geschwisterbeziehung positiv entfalten.

Der Einfluss der Gleichaltrigen.

Vom Ort der Beziehung – ein Blick auf das Familienhaus

Jede Familie stellt ein vertikales (Eltern – Kinder) und ein horizontales (Geschwister) Netz von Beziehungen dar, in dem es Ordnungen geben muss, soll das Netz sich nicht verknäulen und für die eigene Entwicklung unbrauchbar werden. Im Folgenden erfahren Sie etwas über die Räume im Familienhaus und die Ordnungen, welche beim Bewohnen dieser Zimmer zu beachten sind. Stellen Sie sich ein Haus mit verschiedenen Stockwerken und Räumen vor:

Unter dem Dach gibt es zwei kleine Zimmer. Diese beiden Räume enthalten viele Bücher, Bilder und Videos aus der Lebensgeschichte von Vater und Mutter. Vornehmlich an Familienfesten holen Vater oder Mutter manchmal ihre Kinder in dieses Zimmer und erzählen von ihren Wurzeln, und meist lauschen die Kinder atemlos den Erzählungen.

Ausgezogen sind die Eltern aus diesen Zimmern erst, als sie beschlossen, eine eigene Familie zu gründen und ihr gemeinsames Paarzimmer zu beziehen. Dieser Raum ist der wichtigste im ganzen Haus. Es gibt darin ein großes Bett, kreative Medien, um einander mitzuteilen, was wir denken und fühlen, eine Gesprächsecke und ab und zu einen frischen Blumenstrauß. Hier ist der Ort, wo Vater und Mutter im Familienhaus sich als Mann und Frau begegnen. Wird er häufig bewohnt, fühlen alle im Familienhaus sich wohl. Wird er vernachlässigt, droht die Ordnung im Familienhaus durcheinander zu geraten. Kinder dürfen zwar manchmal einen Blick in dieses Zimmer werfen, zum ständigen Aufenthalt eignet es sich aber für sie nicht. Die Zeit, die Sie mit Ihrem Partner/Ihrer Partnerin hier verbringen, entlastet Ihre Kinder. Sie sind dann nicht für Ihr Lebensglück verantwortlich und können sich ihren Aktivitäten im Kinderzimmer widmen.

Halten Sie sich häufig in Ihrem Paarzimmer auf und schmücken Sie dieses.

Auch wenn das Paar sich trennt, einer von beiden das Zimmer vielleicht für eine Weile allein bewohnt oder eine neue Partnerin oder ein neuer Partner Einzug hält, es gilt immer, das Bild des früheren Bewohners zumindest als Elternteil zu achten. Vergessen Sie nicht: Auch wenn es nun eine Stiefmutter oder einen Stiefvater gibt, und wunderbar, wenn die Kinder sie oder ihn mögen, sie bekommen auch dann keinen anderen leiblichen Vater und keine andere leibliche Mutter. Kinder wollen ihre leiblichen Eltern lieben, und niemand liebt so bedingungslos wie Kinder.

Vergangene Partner als die leiblichen Eltern Ihrer Kinder würdigen.

Bekommt das Paar das erste Kind, dann gilt es zwei neue Zimmer einzurichten: das Elternzimmer und das Kinderzimmer. Vom Paarzimmer aus kann man einen Blitz-Lift zum Elternzimmer besteigen, in welches Vater und Mutter sich regelmäßig zurückziehen. Sie besprechen dann, was in ihrer Familie wann, für wen und in welcher Situation Gültigkeit hat. Es ist ein schneller Lift, denn zuweilen gilt es, rasch die Zimmer zu wechseln und im Elternzimmer zu üben, wie man den Kindern gegenüber an einem Strang zieht. Wenn nämlich Vater und Mutter verschiedene Botschaften ins Kinderzimmer senden, drohen die Ordnungen im Familienhaus einzustürzen und die Kinder werden verwirrt. Sie verbünden sich dann oft mit einem Elternteil, tricksen und rebellieren oder ziehen sich einfach stumm zurück.

An einem Strang ziehen! Absprachen treffen, was, wann und wo gilt.

Vom Elternzimmer führt eine Treppe ins Kinderzimmer. Zu diesen vier Wänden haben die Eltern zwar Zutritt, aber sie verlassen diese auch häufig, damit ihre Kinder als Geschwister sowohl das Miteinander, die Nähe, als auch das Wegvoneinander, die Distanz, erfahren können. Schwierig wird es dann, wenn Vater oder Mutter ein Kind als Verbündeten ins Paarzimmer holt und das Elternzimmer verwaist bleibt. Im Paarzimmer haben die Kinder nichts zu suchen!

Geschwister brauchen Platz und ungestörtes Miteinander im Kinderzimmer.

Im Erdgeschoss unseres Familienhauses sind die Räume, die von allen genutzt werden, wo alle einander treffen können. In der Küche wird die Seele genährt, werden Konflikte ausgetragen. Hier kann man stolz und glücklich, aber auch gekränkt und traurig sein und diese Gefühle mit allen teilen, je nach Tagesgericht. Hier gibt es aber auch ein Wohnzimmer für gemeinsamen Austausch, für Spiel und Spaß, und hier bringen die Medien die Welt in unser Familienhaus. Sind diese Gemeinschaftsräume verlassen, dann macht jeder in der Familie einsam »sein Ding«, und es gibt wenig Schutz und Geborgenheit.

Sich um Aktivitäten in den Gemeinschaftsräumen kümmern.

Wie Sie dieses Buch nutzen können

Mit diesem Buch wollen wir Ihnen einen Leitfaden an die Hand geben, der helfen kann, dass Streitigkeiten nachlassen und Sie die Lebenswelt »Geschwister« für Ihre Kinder so gestalten, dass deren Entwicklung gefördert wird. Wir wollen Sie unterstützen, damit Sie die Ressourcen Ihrer Geschwisterkinder füreinander nutzen und die Fallen umgehen, die auf diesem Entwicklungsweg auch bereitstehen. Zu diesem Zweck haben wir dieses Buch in vier Kapitel eingeteilt, so dass Sie jede Woche oder jeden Monat den Scheinwerfer Ihrer Aufmerksamkeit von einer anderen Seite her auf das Kinderzimmer richten können. Bei dieser Forschungsarbeit und Ihren Experimenten mit unseren Vorschlägen möchten wir Ihnen nahe legen, sich ein Heft anzuschaffen, in das Sie Ihre Erfahrungen eintragen. Sehr hilfreich wäre eine Elterngruppe, mit der Sie sich austauschen, oder eine andere Person aus Ihrem sozialen Netz, vielleicht jemand in ähnlicher Lebenssituation, mit der Sie sich besprechen können.

Und noch ein Hinweis: Wir bieten Ihnen eine Speisekarte mit Übungen an, die Sie nicht alle »abarbeiten« müssen. Suchen Sie sich zunächst einmal das Angebot aus, das Ihnen sofort einleuchtet und für Ihre Situation passend erscheint, und experimentieren Sie damit. Jeder kleine Erfolg wird Sie in Ihrem pädagogischen Bemühen sicherer machen.

Unser Text ist in drei Schritten aufgebaut, die Sie an den folgenden Symbolen erkennen:

Schritt ①
Ein Fallbeispiel anschauen

Wir spielen Ihnen sozusagen ein Video aus unserer Beratungspraxis vor. Beispiele kommen aber auch im Text vor und veranschaulichen seinen Inhalt. Auch die Comics im Buch zeigen Beispiele für günstiges und ungünstiges Elternverhalten.

Schritt ②
Hintergrundwissen erwerben

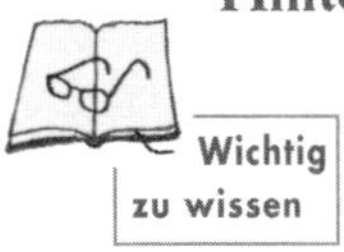

Wir versorgen Sie mit Wissen aus der psychologischen Forschung. So fällt es Ihnen leichter, Entwicklungsschritte zu verstehen und gelassen zu bleiben.

Schritt ③
Eine Übung ausprobieren

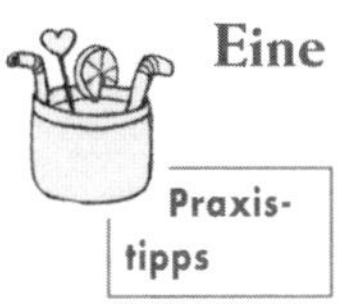

Wir schlagen Ihnen Übungen vor und geben Ihnen erprobte Praxistipps weiter, damit Sie im täglichen Erziehungsalltag Ihren Handlungsspielraum erweitern können.

Kapitel 1

Über den besten Platz in Mamas und Papas Herzen

Ich erfülle alle eure Wünsche,
dann müsst ihr mich lieben!

Ich kreische und bocke,
dann könnt ihr mich nicht
übersehen!

Wichtig zu wissen

Unter Geschwistern gibt es zwei Themen, die wenig bewusst, sozusagen vom Untergrund her, Motor für das Verhalten Ihrer Kinder sind.

- **Wer wird von den Eltern am meisten geliebt?**
- **Wer hat seinen festen Platz in der Familie? Wer muss bangen, seine Zugehörigkeit zur Familie zu verlieren?**

Beide Themen sind existenzieller Art und im Falle einer Gefährdung mit großer Angst besetzt. Jedes Kind versucht diese Angst auf andere Weise abzuwehren. Geschwister sind natürliche Gegner.

In diesem Kapitel geht es darum, wie Kinder die Aufmerksamkeit ihrer Eltern gewinnen und versuchen, ihre Geschwister auszustechen, um den besten Platz in Mamas und Papas Herzen zu besetzen. Dabei nutzen sie, was ihnen der Platz in der Geburtsfolge zur Verfügung stellt, sie setzen aber auch das ganze Repertoire kindlicher Verhaltensweisen ein, durch das sie vermeintlich als liebenswerteres oder zumindest als schutzbedürftiges Kind erscheinen. Oft treiben sie sich mit ihren Anstrengungen allerdings auch ins Abseits, und ihre Eltern fühlen sich als Versager, weil es mit der Harmonie in der Familie nicht so recht klappt. Auf dem Weg dieser Auseinandersetzungen stehen zudem eine Reihe von Fackeln, die Eltern in ihrer Not ergreifen und damit das Feuer des Kampfes in bester Absicht noch mehr anheizen.

Dieser lebensnotwendige Kampf ist völlig legitim und Ausdruck der Vitalität, aber auch der Liebe Ihrer Kinder. Wie Sie mit dem Bestreben Ihrer Kinder, die beiden grundlegenden Themen als Geschwister zu meistern, im Erziehungsalltag umgehen können, ist Gegenstand dieses Kapitels.

Über die Plätze in der Geschwisterfolge nachdenken

Auch wenn nicht vorrangig die Geschwisterfolge das Verhalten Ihrer Kinder untereinander bestimmt, wie manche Forscher das formulieren, sondern an wichtigster Stelle die Qualität der Beziehung der Eltern zu ihren Kindern steht, so stellt der Platz in der Geschwisterkonstellation doch jedem Kind ein anderes Entwicklungsfeld zur Verfügung. Diese Entwicklungsfelder wollen wir Ihnen vorstellen.

So geht es anderen

Frau Bauer kommt mit ihrem zehnjährigen Michael zur Beratung, weil dieser seine Mitschüler auf jede erdenkliche Art und Weise piesackt: Er versteckt ihnen das Turnzeug, wirft ihre Schulsachen auf den Boden, beschimpft sie mit »Schweinewörtern« oder schlägt aus heiterem Himmel zu. Bis zur dritten Klasse war Michael ein sportlicher, unauffälliger Schüler. Die Lehrerin weiß nicht mehr weiter.

Michael ist der Erste von zwei Kindern, er hat noch eine kleinere Schwester. Als die Mutter tränenüberströmt davon erzählt, wie der Vater Hals über Kopf die Familie verlassen hat, steht Michael auf und legt den Arm um seine Mutter mit den Worten: »Wein doch nicht, Mama, wir machen das schon!«

Mehrere Gespräche mit Frau Bauer, die sich sowohl um ihre eigene psychische Verletzung als auch um die Frage drehen, wie sie Michael aus der Verantwortung des Erstgeborenen entlassen kann, haben schließlich Entlastung für den Jungen gebracht.

Michael hat sich als Erstgeborener die schwere Last des »Mannes im Hause« auferlegt und hat als neuer Partner der Mutter Einzug im Paarzimmer gehalten. Kein Wunder, dass er unter der Fülle der Verantwortung zusammenzubrechen droht und seine unterdrückte Verzweiflung nach außen agiert. Heute sieht Michael seinen Vater regelmäßig, seine Mutter ist halbtags berufstätig und dabei, sich ein neues Leben aufzubauen. Michael hat es nun nicht mehr nötig, seine psychische Überforderung an anderen Kindern auszuagieren.
Hier ein anderes Beispiel:

So geht es anderen

Die zwölfjährige Anna ist eine gute Schwimmerin und hat eine Reihe von Abzeichen erworben. Völlig unverständlich für alle Beteiligten verwehren die Eltern ihr im neuen Schuljahr den Besuch des Schwimmtrainings. In ihrer Not wendet sich Anna an die Beratungslehrerin der Schule, welche die Eltern zum Gespräch bittet.
Anna ist das mittlere von drei Mädchen, und die Eltern hatten Annas ältere Schwester, Yvonne, zur Hoffnungsträgerin der Familie auserkoren. Yvonne sollte Rechtsanwältin werden und das abgebrochene Jurastudium des Vaters wettmachen. Im Gymnasium bringt Yvonne immer schlechtere Leistungen, und das Abitur rückt in unerreichbare Ferne. Den sportlichen Erfolgen ihrer jüngeren Schwester hat sie nichts entgegenzusetzen. Da meinten die Eltern, getrieben vom Bröckeln ihrer Wünsche für die Zukunft, eingreifen zu müssen. Noch dazu weil sie der Meinung waren, dass Yvonne die Ehrungen ihrer jüngeren Schwester »psychisch nicht verkraftet«.

Anna hat als mittleres Kind sich ein Erfolgsfeld gesucht, mit dem sie hoffte, nicht nur Bewunderung ihrer Eltern zu erringen, sondern auch ihre ältere Schwester auf »ungefährlichem Gebiet« zu überflügeln. Die Ängste ihrer Eltern machen ihre Bemühungen zunichte. Hier mussten die Eltern lernen, nicht unerfüllte Wünsche in ihrem eigenen Leben an ihre Kinder zu delegieren. Vielmehr ging es um die Frage, wie jedes der Mädchen sein ihm gemäßes Entwicklungsfeld bekommen kann.

Die Erstgeborenen – Premierenkinder

Wichtig zu wissen

Das erstgeborene Kind nimmt in seiner Familie den Premierenplatz ein mit all der Lust, aber auch der Last, die mit einer solchen Sonderstellung verbunden ist. Es hat seine Eltern zu Eltern gemacht. Viele Ereignisse haben diese mit ihrem ersten Kind zuerst erlebt: den ersten Zahn, die ersten Schritte, der erste Tag im Kindergarten. Kein Kind hat den Glanz in den Augen der Eltern so strahlend erlebt wie das erste. Seinen Eltern bleibt der oder die Erstgeborene ein Leben lang in oft erdrückender Verpflichtung verbunden. Die Ältesten fühlen sich an die elterlichen Werte am stärksten gebunden, und wenn ein Elternteil »abhanden« kommt, dann nehmen sie oft dessen Platz ein. Dass die Ältesten sich meist heimlich ein älteres Geschwister wünschen, das sie beschützt, versorgt und ihnen ein wenig von ihrer Bürde abnimmt, bleibt ihr Geheimnis. Besonders Mädchen versuchen in dieser Position das Lob und die Gunst der Eltern durch die Versorgung der Kleinen zu ergattern.
Doch ein besonderes Trauma teilen alle Erstgeborenen: das Drama der Entthronung durch die Geburt des nächsten Geschwisters. Dieses Drama ist verbunden mit Eifer-

sucht und der Angst vor Liebesverlust. Plötzlich ist da noch ein Wesen, dem die Eltern, aber auch Verwandte und Familienfreunde sich intensiv zuwenden, das plötzlich der »King« ist. Bange Fragen tauchen auf: Mögen die mich nicht mehr? Bin ich nicht mehr liebenswert? Haben die mich einfach vergessen?

Ein wunderbares Beispiel, das Ihnen als Mutter die Einfühlung in die emotionale Situation Ihres erstgeborenen Kindes bei der Ankündigung eines Geschwisters sozusagen »hautnah« ermöglicht, haben wir bei A. Faber und E. Mazlish (vgl. Literaturliste S. 189) gefunden, das wir Ihnen im Wortlaut leicht verändert wiedergeben möchten:

Stellen Sie sich vor, Ihr Mann nimmt Sie eines Tages liebevoll in den Arm mit den Worten: »Mein Liebling, du bist eine so wunderbare Frau und ich bin so gern in deiner Nähe, dass ich mir noch eine Frau nehmen möchte. Dann können wir unser Glück verdoppeln!« Sie schlucken und warten ab. Schließlich trifft die neue Frau ein, und alle Familienmitglieder reisen von nah und fern an und brechen vor Freude in Entzückensrufe aus. Bald trägt die neue Frau Ihre Kleider, benutzt Ihren Computer, fährt Ihr Auto, besetzt Ihren Platz vor dem Fernseher ... Wenn Sie Einspruch erheben, beschwert sich das neue Familienmitglied lautstark bei Ihrem Mann. Als Sie sich endlich aufraffen und ihn bitten, die neue Frau wegzuschicken, trifft Sie seine Verachtung: »Meine Liebe ist so groß, sie reicht für euch beide!«, lässt er Sie wissen.

Welche Reaktion Ihres Mannes würde Ihnen helfen? Soll er sagen: »Mach doch nicht so ein Theater!« oder wäre es tröstender, wenn er einfühlsam äußerte: »Das hab ich ja gar nicht gewusst, dass du so leidest ...!«

Manche Erstgeborene versuchen, ihre eigene Angst zu besiegen, indem sie wenigstens die Kontrolle über die neue Situation behalten wollen, wie die sechsjährige Susanne, die seit der Geburt ihres kleinen Bruders spätestens nach der dritten Schulstunde Bauchweh bekommt und nach Hause geschickt wird.

Das Nesthäkchen – Wonneproppen oder »Doofi«

So geht es anderen

Lukas ist der Jüngste von drei Kindern. Seine beiden älteren Geschwister, ein Bruder und eine Schwester, sind beide schon eine Weile in der Schule, als Lukas als ungeplanter Nachzügler in seine Familie kommt. Bei der Beratungsstelle wird er angemeldet wegen einer Schulphobie: Er verweigert als Erstklässler hartnäckig, ohne seine Mutter in der Schule zu bleiben. Bei einem dritten Kind haben seine Eltern eigentlich genügend Erfahrung zur Bewältigung solcher kritischen Lebensereignisse. Wie war es zu dieser Trennungsangst gekommen?

In der ersten Sitzung mit der ganzen Familie wird deutlich, dass Lukas das Dummerchen aller ist. Wie ein Spielball wandert er von Schoß zu Schoß. Alle behandeln ihn wie ein Baby, dem ständig etwas angeboten werden muss, damit es zufrieden ist. Auf Lukas' schüchterne Signale, sich einen Dino vom Regal zu holen, in Ruhe dem Gespräch zu folgen, an der Tafel zu malen, achtet niemand. Auch Lukas muss lernen dürfen, eigene Bedürfnisse zu äußern und seine Grenzen zu erproben. Das war der Lernprozess für alle Familienmitglieder.

Wichtig zu wissen

Auch die Jüngsten, seien sie nun zweite oder dritte Kinder, werden nicht nur von der wärmenden Sonne des achtsamen Umhegtwerdens beschienen. Mit den ältesten Geschwistern haben sie durchaus zu kämpfen. Am Familientisch kommen sie wenig zu Wort, weil sie der Sprachgewandtheit der Älteren nicht gewachsen sind, sie werden ins Bett geschickt, wenn die Älteren noch fernsehen, und zuweilen verwahrlosen sie auch in ihren Bedürfnissen wie der Erstklässler Lukas. Oft dienen sie auch als Liebesersatz für das, was den Eltern im Paarzimmer an Zuwendung verloren gegangen ist. Immer der Sonnenschein sein zu müssen, kann sehr anstrengend sein. Jüngste Kinder müssen sich oft mit List und Tücke ihren Platz im Familiensystem ergattern.
Für vieles aber bahnen die älteren Geschwister auch den Weg, und so gelingt den Jüngsten oft die Ablösung vom häuslichen Herd leichter. Hat doch jedes Nesthäkchen in seinem älteren Geschwister auch ein so genanntes Übergangsobjekt zur Verfügung, das wie einst das Stofftier Wärme und Sicherheit geben kann. Und manche Fertigkeit lernen die Jüngsten sozusagen nebenbei von den Älteren: auf Fingern pfeifen, den Computer benutzen, Fußball spielen ... Zuweilen empfangen sie Zärtlichkeiten von den großen Geschwistern, was auch zu ersten erotischen Erfahrungen führen kann. Ob hier im Doktorspiel kindliche Neugier befriedigt wird oder ein Übergriff oder sogar sexueller Missbrauch vorliegt, das bestimmen die Situation und der Altersabstand. Und wenn sich die Eltern streiten, können die Jüngsten ins Bett der älteren Schwester kriechen wie die fünfjährige Julia, die über viele Wochen hier Trost findet.
Mit niemand vergleichen wir uns mehr als mit den älteren Geschwistern, vor allem mit denen, die gleichen Geschlechts sind, wie wir noch hören werden. Aufmerksam

verfolgen die Kleinen, welche Plätze im Familiensystem die Älteren besetzen und welche noch frei sind. Dass zwei Brüder sich dem Rennfahren widmen, wie Ralf und Michael Schumacher, ist eher die Ausnahme, obwohl in den frühen Jahren der Jüngere durchaus versuchte, sich vom erfolgreichen Bruder abzusetzen. De-Identifikation nennt die Geschwisterforschung das Phänomen.
Schwierig wird es dann, wenn ein Kind die Wünsche der Eltern befriedigt und ein anderes sozusagen durchs Werteraster fällt. Dann gibt es das »gute« und das »böse« Kind, und Entfremdung ist die Folge. Da nützt es auch wenig, wenn ein weiteres Kind zu vermitteln versucht oder das »schwarze Schaf« sich frühzeitig absetzt. Das böse Kind lebt meist den Schatten der Familie, den Streit, der nicht sein darf, das Tabu mit dem straffällig gewordenen Vater, die kontrollierende Großmutter ... Es sind seine Eltern, welche dem bösen Kind die Sündenbockrolle zuweisen, aber es auch daraus erlösen können.

Das mittlere Kind – ein kurzes Spotlight

Mittleren Kindern wurden als »Sandwichkinder« lange Zeit die schwierigste Rolle im Familiensystem zugeschrieben. Sie galten als Kinder, die überall zu kurz kommen. Diese Einschätzung kann nicht mehr aufrechterhalten werden, weil man inzwischen auch die Vorteile erkannt hat, sich in der Mitte zu befinden: Man hat immer jemanden, an dem man sich orientieren und der einem Lebensfertigkeiten beibringen kann, aber auch immer jemanden, dem man überlegen ist. Die Spannung auszuhalten zwischen einmal groß und dann wieder klein zu sein, dabei können Sie als Eltern helfen.

Geschwister vom gleichen Geschlecht – nicht nur der kleine Unterschied

Man weiß heute, dass das Identitätsgefühl von Jungen und Mädchen nicht nur unter dem Einfluss der Erziehung sich unterschiedlich entwickelt, dass z.B. den Jungen mehr Autonomie zugestanden wird und die Mädchen länger an ihre Mütter gebunden bleiben, sondern dass es von Anfang auch ein unterschiedliches Identitätsgefühl gibt.
Im Körper eines kleinen Jungen zu leben ist anders als in dem eines Mädchens. Die Fragen: Was verbindet uns? und Was unterscheidet uns? spielen im Verhältnis von Brüdern untereinander genauso wie dem von Schwestern eine wichtige Rolle.

Schwestern – Nähe und Abgrenzung

So geht es anderen

Manuela, 15 Jahre alt, wird bei der Beratungsstelle von ihrer sehr besorgten Mutter angemeldet, weil diese eine Magersucht bei ihrer Tochter vermutet. In einem weiten Schlabberpullover über ihren Jeans sitzt sie mir ernst und blass gegenüber. »So wie meine Schwester, die Petra, so fett will ich nicht werden!«, konstatiert sie kühl. »Zum Abnehmen in ein Krankenhaus, das kommt bei mir nicht in Frage!«
Manuela ist Vaters Tochter, und wie er möchte sie Kfz-Mechanikerin werden. Ob sich der Vater einen Jungen gewünscht hat?, überlege ich. Mit den hausfraulichen Neigungen ihrer Schwester Petra hat Manuela wenig am Hut. Zwei essgestörte Schwestern mit etwas mehr als einem Jahr Altersunterschied tragen hier ihren Abgrenzungskampf auf dem Gebiet der Nahrungsauf-

nahme aus. Es hat den Anschein, als könnten sie weder mit noch ohne einander. In der Beratung geht es dann darum, wie jede der Schwestern sich als eigenständige Persönlichkeit wahrnehmen und behaupten kann. Dazu war zunächst einmal nötig, Manuela in mehreren Einzelsitzungen zu einem Klinikaufenthalt zu bewegen.

Wichtig zu wissen

Schwestern teilen oft eine große emotionale Nähe. Beziehungsorientiert, wie sie als Mädchen sind, können sie sich aber auch verbissen aneinander reiben. Als Erwachsene bemühen sich Schwestern zuweilen eindringlich um die Wiederherstellung einer tragfähigen Beziehung: Sie greifen zum Telefon, schreiben Briefe, denken sich Liebevolles zum Geburtstag aus. Bis ins Altersheim hinein können sie aber auch festhalten an den einstigen Rollen, wie meine Patentante Lotte mir das mit meiner Großmutter vorgelebt hat. »Du – die gut und langweilig verheiratete Hausfrau, ich – die früh Emanzipierte«, so lautete ihr Abgrenzungsruf. So gerecht Eltern auch sein wollen, auch sie haben ihre Lieblinge und teilen diesen zumeist sehr verborgen Wert und Unwert in der Familie zu, was die Situation gewaltig verschärfen kann.
Schwestern ringen vor allem in der Pubertät um ihr Frau-Sein und wählen oft sehr unterschiedliche Lebensentwürfe. Dieses Ringen darum, wie als Frau zu leben ist im Kosmos der unterschiedlichen Möglichkeiten, kann ein sehr existenzielles sein, wie das Beispiel von Manuela und ihrer Schwester Petra zeigt. Das Leben eines Bruders dagegen findet gleichsam auf einem anderen Stern statt und ist weniger bedrohlich.
Bei aller Auseinandersetzung zwischen Schwestern gibt es sehr Verbindendes: Anleitung, Unterstützung, Trost.

Und ist der Altersabstand groß, dann rückt die ältere Schwester für eine Weile gleichsam automatisch in die Rolle der Ersatzmutter.

Brüder – Distanz, Rivalität und heimliche Sehnsucht

So geht es anderen

»Ich verzweifle noch mit meinen Buben!«, so eine Mutter in der Beratung. Gefragt nach ihren Katastrophenphantasien, meint sie: »Irgendwann schlagen die sich noch tot!«
Beide Jungen, damals zehn und zwölf Jahre, sind sehr sportlich. Während der eine in der Fußballarena glänzt, zeigt der andere sein Können auf dem Tennisplatz. Während der eine in der Schule beste Leistungen vorweist, versagt auf diesem Feld der andere. Ihre Freunde halten sie strikt voneinander getrennt, und in der Familie setzen sie sich gegenseitig herab, wenn sie sich nicht blitzschnell verbünden im Kampf gegen elterliche Regeln. Kaum treffen sie zusammen, positionieren sie sich, und gelingt das nicht, gehen sie körperlich oder verbal aufeinander los.

Wichtig zu wissen

Zwei oder mehr Jungen im Abstand von wenigen Jahren aufzuziehen, gehört sicher zum Schwierigsten im Erziehungsgeschäft, und die Sorge von Frau Thompson ist berechtigt. Der Bruderzwist ist aus der Mythologie und der Literatur genauso bekannt wie die Verbundenheit in »Blutsbrüderschaft«.
Von diesen beiden Extremen ist der Beziehungskosmos von Brüdern geprägt. Abwechselnd sind Brüder Rivalen, Verbündete und Spielkameraden. Und allein,

so sagen viele, wäre das Leben in der Familie einfach langweilig.
Zwischen Brüdern kommt es zuweilen zu handgreiflichen Auseinandersetzungen. Natürlich wirkt die Drohung »Warte nur, bis mein großer Bruder kommt!« im Kreis der Gleichaltrigen. Aber untereinander haben es Brüder kaum gelernt, wie sie einander ihre Gefühle offenbaren könnten, vor allem solche, die scheinbar schwächen wie Angst, Sehnsucht oder gar Enttäuschung. Und doch sind Brüder später oft auch demselben Ziel verpflichtet: die Weizsäckers in der Politik, die Schumachers im Sport, die Gottschalks im Showgeschäft. Es sind vor allem gemeinsame Aufgaben, die sie als Erwachsene Frieden schließen lassen.

Warum rivalisieren Schwestern nicht so sichtbar gefährlich? Die Sozialisation von Jungen verläuft anders als die von Mädchen. Während Mädchen von klein auf sich um Beziehungen kümmern, rangeln die Jungen um die Machtposition. Wer ist der Gescheiteste?, der Witzigste?, der Stärkste? Das sind ihre Ziele. Hat einer der Brüder auf einem Gebiet keine Chance, dann sucht er sich ein neues. So ist der eine der Tüchtige, der andere der Tunichtgut und ein Dritter vielleicht der handwerklich Geschickte. »Macher« wollen sie alle sein. Aber es gibt vor allem als Erwachsene auch die andere Seite, dass sich Brüder denselben Lebensbereichen verpflichtet fühlen. Über die Siege seines Bruders Michael sagt Ralf Schumacher heute: »Auch wenn das jetzt komisch klingt: Das ist etwas, worauf ich stolz bin!« Und wenn Ralf gewinnt, ist Michael der Erste, der zum Gratulieren kommt. Oft kennen sich Brüder so gut, dass sie einander kaum mehr überraschen. Die sprichwörtliche Bruderfehde ist dann begraben.

Unsere Liebe düngen oder wie wir ein spannendes Familienthema finden

Kinder sind interessiert an der Lebensgeschichte ihrer Eltern. Sie wollen wissen, was die Eltern als Kinder erlebt haben, und auf diese Weise ein wenig über deren Wurzeln erfahren. Und natürlich steht im Mittelpunkt ihrer Welt die eigene Familie.

Praxistipps

Geschwister in unserer Familie

Besorgen Sie sich Wissen über die eigene Familie damals und heute und lassen Sie Ihre Kinder daran teilhaben. Durch Interviews verschaffen Sie sich Informationen darüber, wie alle in der Familie ihre Geschwisterposition erleben oder erlebt haben. Auf diese Weise überprüfen Sie das Forschungswissen durch ein Experiment in Ihrer Familie und gewinnen eine Menge Gesprächsstoff.
Bevor Sie mit den Interviews beginnen, legen Sie eine Liste der Geschwisterpositionen der Familienmitglieder an und lassen jeweils einige Zeilen frei für Notizen. Ihre größeren Kinder führen vielleicht gern selbst so ein Interview durch und beteiligen sich an der Datenbeschaffung. Siehe dazu Beispiel Seite 29.

Ein heilendes Ritual für die Erstgeborenen

Es gibt gute Literatur, wie Eltern ihr erstgeborenes Kind auf Geschwister vorbereiten (siehe in der Literaturliste z.B. das Buch von Jirina Prekop), jedoch wenig dazu, wie die Schmerzen des Platzteilens zu einem späteren Zeitpunkt gelindert werden können. Wir stellen Ihnen auf der übernächsten Seite ein Ritual vor, das Sie mehrere Male mit Ihrem ältesten Kind genießen können:

Meine Ursprungsfamilie

Meine Mutter heiratete zweimal und hatte aus jeder Ehe zwei Kinder.

Erstgeborene/r	Zweites Kind	Drittes Kind	Viertes Kind
Ich	**Jörn**	**Halbbruder Klaus**	**Halbschwester Susanne**

Auch die Ursprungsfamilie Ihres Partners oder Ihrer Partnerin kann auf diese Weise dokumentiert und befragt werden.

Meine Familie heute

Mein Mann und ich sind die Eltern.

Erstgeborene/r	Zweites Kind	Drittes Kind
Konstantin	**Franziska** *Franziska ist adoptiert. Sie teilt mit ihren Brüdern den Vater.*	**Tobias**

Mögliche Fragen für ein solches Interview können sein:

- Wie ist es dir in deiner Geschwisterposition ergangen?
- Gibt es Begebenheiten, Situationen mit deinen Geschwistern, an die du dich besonders erinnerst?
- Warst du auf jemanden unter deinen Geschwistern neidisch?
- Wann hast du dich ungerecht behandelt gefühlt?
- Was hat dir deine Stellung an Gutem ermöglicht?
- Was hättest du dir anders gewünscht?

Durch dieses Experiment erfahren Sie nicht nur eine Menge über das Befinden Ihrer Kinder, Sie erhalten auch Ansatzpunkte für Ihr erzieherisches Bemühen. Außerdem schaffen Sie Nähe und beleben und bereichern Ihrer aller Beziehungen.

- Wählen Sie eine ruhige Stunde und sorgen Sie dafür, dass das jüngere Geschwister nicht stören kann. Machen Sie es sich beide so richtig gemütlich.
- Holen Sie sich ein Fotoalbum mit Baby- und Kleinkindbildern oder Videoaufnahmen Ihres Premierekindes. Auf den Bildern sind nur Mama, Papa, Verwandte und Freunde zu sehen.
- Erzählen Sie von Ihrer aller Freude über die Geburt und von der Babyzeit damals. Die Bilder werden eine Fülle von Erinnerungen in Ihnen wachrufen, von denen Sie berichten können zur Überschrift: Damals mit dir!
- Betonen Sie am Ende, wie froh Sie sind, schon ein älteres Kind zu haben, das vieles bereits selbst kann.

Vergleichen schürt das Feuer der Rivalität

So geht es anderen

Felix, sieben Jahre, wird beim schulpsychologischen Dienst angemeldet, weil er in der Schule völlig versagt. Er ist unruhig, kann sich nicht konzentrieren, verweigert die Mitarbeit und glänzt einzig und allein im Karateunterricht, wo er sich eisern an Regeln hält und wo der Trainer sich voll des Lobes über Felix' Verhalten äußert. »Unser Ältester meistert die Schule spielend«, meint der Vater beinahe entschuldigend.
Im projektiven Test »Familie in Tieren« (in projektiven Tests stellen Kinder symbolhaft, meist durch kreative Medien wie malen, tonen oder auch im Spiel, ihre unbewussten Wünsche, Bedürfnisse und Befindlichkeiten dar) malt Felix den älteren Bruder als riesigen Walfisch in die Mitte des Bildes, eingerahmt von den Eltern als freundlich auf das Fischmonster blickende

Giraffen, und sich selbst als winziges Eichhörnchen, das in der Krone eines zarten Baumes Schutz zu suchen scheint.
»In Matthias hat der Felix doch das beste Beispiel!«, seufzt die Mutter. »Das sagen wir ihm auch immer wieder«, beeilt sich der Vater hinzuzufügen. Nach einer längeren Pause mit Blick auf Felix' Bild meinen beide Eltern: »Vielleicht machen wir doch irgendetwas falsch.«

Wenn Sie Ihre Kinder anzuspornen versuchen, indem sie diese miteinander vergleichen, fällen Sie immer auch ein Urteil. Das eine Kind macht seine Sache richtig, das andere falsch. Jeder Vergleich aber heizt sowohl die Angst bezüglich der existenziellen Geschwisterthemen (Wer wird mehr geliebt? Gehöre ich noch dazu?) an wie auch die Rivalität. Wer verurteilt wird, fühlt sich abgewertet und ist gekränkt. Er wird alles versuchen, die eigene Würde zurückzuerobern, indem er andere kränkt und beleidigt oder auf andere Weise zumindest die Sorge seiner Eltern schürt.

Vergleichen tut weh

Lassen Sie uns einen Rollentausch versuchen. Versetzen Sie sich in die Lage Ihrer Tochter oder Ihres Sohnes. Welche Botschaft würden Sie in den folgenden Aussagen hören? In der ersten Zeile auf der nächsten Seite finden Sie ein Beispiel:

Aussage	*Botschaft*
»Was ist denn das schon wieder für ein Chaos! Kannst du denn nie dein Zimmer aufräumen! Die Anne kann das doch auch.«	Ich bin schlampig. Die Anne mag sie lieber als mich.
»Nimm dir doch einfach mal ein Beispiel an Roman. Der ist immer um vier Uhr mit seinen Hausaufgaben fertig und hat dann Zeit zum Spielen.«	Ich ______
»Kannst du dich nicht einmal aus eigenem Antrieb ans Klavier setzen! Dorothee muss man doch auch nicht ständig ans Cello prügeln!«	Ich ______
»Immer muss man auf dich warten!« (Die Schwester Susanne steht angezogen neben dem Vater.)	Ich ______

Botschaften wie »Du bist dumm, faul, schlampig, dich kann man nicht lieben ...« sind kein Ansporn, sondern entfalten im Laufe der Zeit ihr zerstörerisches Potenzial. Aber nicht nur das verurteilte Kind, auch das pflegeleichte Kind, das die Normen seiner Eltern scheinbar mühelos erfüllt, gerät unter Druck: »Wird es mir immer gelingen, die Hoffnungen meiner Eltern zu erfüllen?« ist seine bange Frage.

Praxistipps

Wie wir die Falle des Vergleichens umgehen

Negativ vergleichen Sie, wenn Sie wie in obigem Beispiel ein Kind dem anderen explizit oder auch verdeckt als Beispiel präsentieren. Worte wie »nie, immer, ständig ...« zementieren das Verhalten und lassen keine Veränderung zu. Wenn z.B. Ihre Tochter Susa bei jeder Kritik, die Sie vorsichtig äußern, aufbraust und beginnt, Sie wüst zu beschimpfen, kann es sein, dass Gespräche mit Ihrem Sohn Tobias vor Ihrem inneren Auge auftauchen und Sie Ihrem Herzen mit folgenden Worten Luft machen: »Nie kann man sich mit dir in Ruhe unterhalten! Ständig musst du Widerworte geben. Mit dem Tobias kann man viel besser reden!«

Beispiel

Vergleichen

Später:

Der einzige Ausweg aus dem allzu verführerischen Erziehungsmittel des Vergleichens besteht darin, sich immer nur mit dem Verhalten des einen Kindes zu beschäftigen, dem Sie sich im Augenblick zuwenden. Was der Bruder oder die Schwester in derselben Situation tut, ist für Ihre Reaktion als Vater oder Mutter ohne Belang. Die beiden Comics auf S. 33 und S. 35 verdeutlichen noch einmal, wie sich das Elternverhalten in punkto Vergleichen auf die Geschwisterbeziehung auswirkt.

Statt **negativ zu vergleichen,** ist es sinnvoller, zu beschreiben

① was Sie wahrnehmen (sehen, hören ...):
»Das Becken ist voll von schmutzigem Geschirr.«

② was Sie fühlen oder denken: *oder* was Sie vermuten, dass Ihr Kind fühlt oder denkt:
»Das stört mich gewaltig beim Kochen.«
»Die Spülerei ist ziemlich lästig für dich.«

③ was getan werden muss.
»Das Geschirr muss gespült werden, und zwar sofort. Du hast Küchendienst.«

Statt **positiv zu vergleichen,** ist es sinnvoller, zu beschreiben

① was Sie wahrnehmen (sehen, hören ...):
»Die Küche ist blitzblank.«

② was Sie fühlen oder denken:
»Das ist wunderbar, da kann ich gleich mit der Kocherei beginnen.«

Sich auf ein Kind konzentrieren

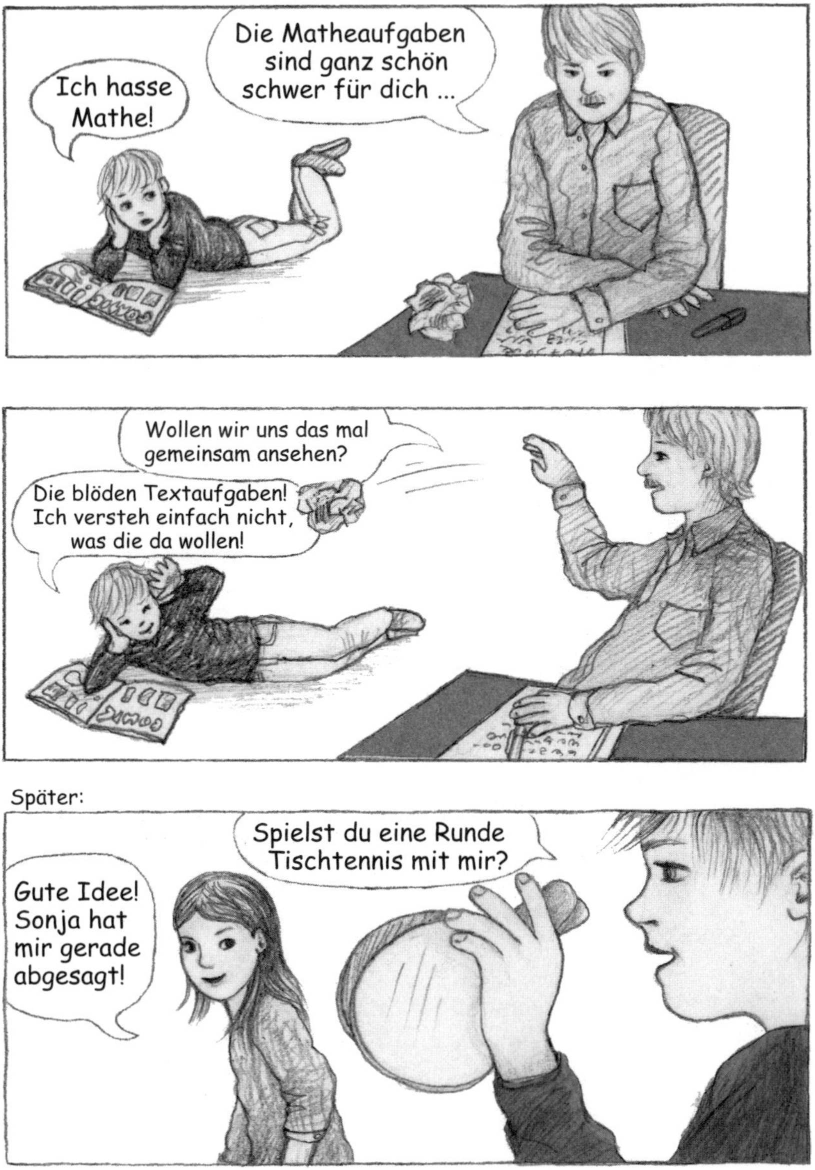

Vom Umgang mit Schulnoten

Kinder selbst vergleichen sich vor allem mit Hilfe ihrer Schulnoten: eine scheinbar objektive Ziffer, die mit ihrem Richterspruch über den eigenen Wert oder Unwert als Person entscheidet. Vielleicht sind Sie als Eltern ja auch der Meinung, dass Kinder lernen müssen, sich in einer Wettbewerbsgesellschaft zu behaupten. Ein wenig Abhärtung tut da vielleicht gut. Bedenken Sie aber, dass die Schule selbst ein unerbittliches Trainingsfeld für eine solche Art von Abhärtung ist, dem kein Kind entkommen kann. In der Schule werden die Kinder ständig miteinander verglichen, sowohl in ihrem Sozialverhalten wie in ihrer Leistung. Was die eigenen Eltern betrifft, müssen Kinder wissen, dass diese sie nicht nur als Träger von Schulnoten, sondern als ganze Persönlichkeit wahrnehmen. Von ihren Eltern brauchen Kinder Lob für individuelle Fortschritte und Trost, wenn sie im Vergleich mit der Klassengruppe nicht gut abschneiden.

Schwierig wird die Situation unter Geschwistern immer dann, wenn ein Kind freudestrahlend seine gut benoteten Arbeiten am Familientisch präsentiert und das andere nicht mithalten kann. »Du Blödmann, du bist ja behindert!« ist nur eine der gängigen Abwertungen, mit denen das »Gute-Noten-Kind« über Bruder oder Schwester triumphiert.

Um solchen Rivalitätskämpfen über das Medium Schulnoten zu entgehen, führen Sie ein strenges Familiengesetz ein:

① **Über Noten wird nur mit Vater und Mutter unter vier Augen gesprochen.**

② **Als Vater oder Mutter verteile ich Lob oder Trost nur dann, wenn ich mit meinem Kind allein bin.**

Einmal Mama oder Papa für mich allein!

Praxistipps

Nach diesem Exkurs über die verheerenden Folgen des Vergleichens nun zu einem heilenden Pflaster: Wer seine Eltern mit Geschwistern teilen muss, sehnt sich heimlich danach, Mama oder Papa für sich allein zu haben. Ein solcher Kinder-Wunsch lässt sich erfüllen. Sie sollten dabei einige wenige Regeln beachten.

- Es reichen einige Stunden an einem (Wochenend-) Tag; vielleicht so lange, wie Sie für eine Unternehmung brauchen.
- Einmal im Monat oder alle zwei Monate einmal genügt. Nicht die Häufigkeit der Wunscherfüllung ist von Bedeutung, sondern Ihr Kind muss sich auf die Verabredung verlassen können. Das gilt genauso für getrennt lebende Eltern.
- Das Datum muss spätestens eine Woche vorher in den Familien-Kalender eingetragen werden. Auch Kinder planen, vor allem wenn sie älter werden, ihre Zeit und wollen auch die Vorfreude genießen.
- Das Kind darf die Unternehmung wählen. Vorschläge von Vater oder Mutter jedoch sind gestattet.

Die Liebesstrategien meiner Kinder entdecken

Wenn die Angst vor Liebesverlust, vor Einbuße des Platzes in der Familienhierarchie oder gar vor Ausgestoßenwerden aus dem Familiensystem ansteigt, entwickeln Kinder Verhaltensweisen, um das bedrohende Geschwister in Schach zu halten. Die subjektive Psycho-Logik solcher »Gemeinheiten« besteht darin, den Bruderkonkurrenten oder die Schwesterkonkurrentin kleinzuhalten und ungefährlich zu machen.

So geht es anderen

Frau Simon meldet ihren Jüngsten, »einen Nachzügler«, beim schulpsychologischen Dienst an, weil er in der dritten Klasse in allen Fächern in der Schule versagt. Sie wolle wissen, was sie ihm überhaupt noch zumuten könne. Ihr Mann sei von Patrick sehr enttäuscht und beachte ihn kaum mehr.

Patrick hat zwei pubertierende ältere Schwestern, die beide das Gymnasium besuchen und im Reitstall aktiv sind. Die ganze Familie reitet, nur Patrick habe Angst und weigere sich nach einem Sturz in der Voltigiergruppe, noch einmal ein Pferd zu besteigen. Im projektiven Test der Familie in Tieren malt Patrick den Vater und die beiden Schwestern als Panther, sich und die Mutter dagegen weitab von den Raubtieren als kleine Hasen. Vom mütterlichen »Sichkümmern« der beiden älteren Schwestern keine Spur. Vielmehr scheint die Familie aus Patricks Sicht in eine gefährliche Raubtiergruppe und zwei »Angst«-Hasen zu zerfallen, die wenig Macht haben. Es hat den Anschein, als hätten die beiden Schwestern bei der Geburt des als Kronprinzen

begrüßten Jüngsten beschlossen, diesen auf keinen Fall im Familiensystem hochkommen zu lassen. Vielmehr bilden sie eine gemeinsame Festung, die für den Kleinen unzugänglich ist, erfüllen perfekt Vaters Erwartungen, so dass in seinem Herzen kein Fleckchen mehr frei bleibt, und sie dominieren die Gesprächsrunde bei den gemeinsamen Essen der Familie.

Wichtig zu wissen

Geschwister entwickeln früh Strategien, einander in der Familie außer Gefecht zu setzen. Da gibt es klare Gewinner und Verlierer wie in Patricks Familie, oft aber tobt der Kampf auch über Jahre mit unklaren Ergebnissen und flackert an geeigneter Stelle immer wieder auf. Welche Strategien setzen Kinder und Jugendliche ein? Im Folgenden stellen wir Ihnen eine kleine Auswahl vor.

Die Großen piesacken – meinen Vorteil als Unschuldsengel nutzen.

Nach der Devise »Ich bringe dich so weit, dass du dein Gesicht verlierst« können jüngere Geschwister eine Fülle von Strategien entwickeln, die älteren zu ärgern und sie dazu zu veranlassen, endlich auszurasten: Sie stören bei den Hausaufgaben oder beim Treffen mit Freunden, sie zerstören das Spielzeug der Großen oder andere geliebte Gegenstände, sie nehmen die Eltern in Beschlag, indem sie quengeln ... Von großen Kindern wird erwartet, dass sie die Kleinen freundlich abwehren und sich nicht aus der Ruhe bringen lassen. Schließlich sind sie ja groß. Gelingt ihnen das nicht, schreien sie, sperren sie die Kleinen raus oder schlagen sie gar zu, dann sind die Großen die Bösen und müssen mit elterlichen Sanktionen rechnen. Die Kleinen haben gewonnen!

Nach dem Motto »Dich mach ich klein« versuchen manche Kinder, ihre Geschwister in einem ungünstigen Licht erscheinen zu lassen: »Mama, der haut mich immer! ... Die hat schon wieder Süßigkeiten genommen! ... Der hat Papas Fahrrad benutzt! ... Der hat den Computer angemacht, als du beim Einkaufen warst ...!«, so oder so ähnlich lauten ihre Anklagen. Manchmal erfinden sie auch Geschichten, die ein negatives Bild von Schwester oder Bruder entstehen lassen, wie der zehnjährige Marcel, der seiner Schwester in die Schuhe schiebt, dass sie das Familiengeheimnis »Vater ist arbeitslos« in der Nachbarsfamilie preisgegeben hat.

Petzen und lügen – die Geschwister bloßstellen.

Manche Kinder gehen auch heimlich vor nach der Devise »Ich hol mir, was ich brauche«. So auch die sechsjährige Vanessa, die zuerst im Supermarkt einen Schokoriegel einsteckt und dann ihrem alleinerziehenden Vater fünf Euro aus dem Geldbeutel nimmt, um damit Sticker für ihre Freundinnen zu erwerben. Auf ihren älteren Bruder fällt kein Verdacht, da er sich zum Zeitpunkt der Tat im Schullandheim aufhält. Nachdem der ratlose Vater Vanessa im Supermarkt Prügel als Konsequenz beim nächsten Mal angedroht hat, weiß er jetzt nicht, wie er reagieren soll. Dass es bei solchen Delikten nicht um Strafe, sondern sinnvollerweise um Wiedergutmachung geht, sei hier nur am Rande vermerkt.

Geld entwenden – mir das Meine holen.

Nach dem Leitgedanken »Ich verhalte mich superbrav« versucht gar manches Kind seine Geschwister an Glanz zu überstrahlen. Diese Kinder begehren nicht auf, sondern tun folgsam alles, was die Eltern von ihnen erwarten. Werden sie doch einmal vom Zorn überwältigt, dann schlucken sie ihn beim ersten elterlichen Tadel buchstäblich hinunter. Dass sie auf diese Weise ihre Vitalität einbüßen, Nägel kauen, wieder ins Bett machen und depressiv zu werden drohen, das fällt erst auf, wenn sie nicht mehr pflegeleicht »funktionieren«.

Mich anpassen und meine Wut runterschlucken.

Alle diese Verhaltensweisen sind Notsignale, mit denen Geschwister versuchen, sich an ihre Eltern gerichtete, lebensnotwendige Bedürfnisse zu erfüllen. Das Verhalten von Kindern ist immer adaptiv, es ist sozusagen das Beste, was ihrem psychischen Organismus im Augenblick zum Überleben einfällt. Die Entwicklung geht weiter, und Kinder müssen dafür sorgen, dass ihre Psyche dafür die notwendige Nahrung erhält. Bei dieser Suche nach Seelennahrung sind Geschwister die gefährlichsten Konkurrenten. Dass die unter Konkurrenzdruck gefundene Nahrung oft nicht die richtige ist und nur kurzfristig den Entwicklungsmotor vorantreibt, die Kinder sich langfristig auch selbst ins »Aus« katapultieren, das nehmen sie in Kauf. Dazu kommt, dass Eltern angesichts solcher Manöver ihrer Kinder oft hilflos und ärgerlich werden und die Kinder schließlich meinen, ihren Platz im elterlichen Herzen ganz zu verlieren. Eine solche Phantasie aber ist für ein Kind eine existenzielle Bedrohung. Natürlich laufen solche Prozesse nicht bewusst ab und können deshalb auch nicht bewusst gesteuert werden. Aber es gibt Verhaltensweisen, welche die Beziehung festigen und das Miteinanderreden befördern.

Welche lebensnotwendige Bedürfnisse sind es, die befriedigt werden müssen, damit Kinder sich entwickeln können? Wir folgen hier der Bedürfnispyramide von Abraham Maslow, einem der Begründer der humanistischen Psychologie. In diesem Modell, Sie sehen es auf der nächsten Seite, sind die Bedürfnisse hierarchisch angeordnet, weil Maslow davon ausgeht, dass höher angesiedelte Bedürfnisse erst dann Befriedigung finden, wenn die unteren erfüllt worden sind.

Die Bedürfnispyramide

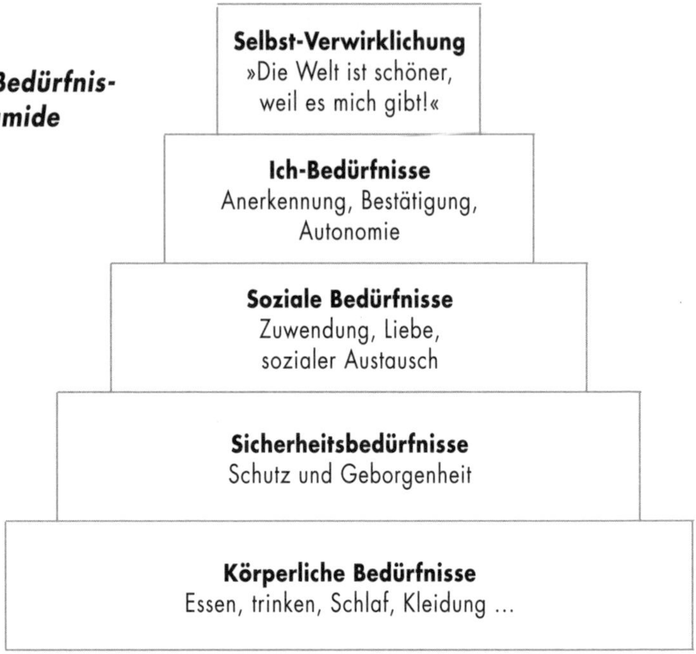

Die Kapazitäten von Eltern, diese Grundbedürfnisse ihrer Kinder zu befriedigen, sind beschränkt. So rangeln Geschwister ständig um ihren Anteil am Kuchen. Über den Umgang mit diesem ermüdenden Gerangel wird im Trainingsteil ab Seite 91 zu sprechen sein.

Über das lästige Petzen

Wie das stolze Prahlen mit einem guten Zeugnis in Gegenwart der Geschwister ist auch das Petzen eine Möglichkeit für Kinder, die eigene Position in der ver-

Sinnvoll mit Petzen umgehen

meintlichen Hierarchie der Elternliebe zu verbessern. Dieselbe Erziehungshaltung wie beim Vergleichen von Geschwistern gilt auch für das Petzen. Auch hier machen Sie am besten dem petzenden Kind klar, dass Sie im Augenblick überhaupt kein Interesse an dem haben, was der Bruder oder die Schwester tut oder nicht tut. Sie signalisieren aber deutlich Ihr Interesse für das Kind selbst, das vor Ihnen steht.

Der »goldene Satz« lautet:

»Ich mag eigentlich nicht hören, was dein Bruder macht oder nicht macht. Aber wenn du mir von dir selbst erzählen willst, dann höre ich dir gern zu.«

Wir verhindern Petzen, wenn wir darauf bestehen, dass jedes Kind für sein Handeln Verantwortung trägt. Die einzige Ausnahme von dieser Regel ergibt sich dann, wenn ein Kind sich selbst gefährdet oder bedroht wird und die anderen Kinder beim Erwachsenen Hilfe holen. Ein solches Verhalten kann dann aber nicht mehr als Petzen bezeichnet werden.

Das Gleiche bekommen ist »ungerecht«

So geht es anderen

Frau Heinrichs bittet um ein Beratungsgespräch, weil trotz all ihres Bemühens ihr Jüngster, der achtjährige Mark, sich ständig beklagt, dass sie als Mutter seine beiden Geschwister vorzöge. Die großen Probleme von Mark mit anderen Kindern in der Schule, die Beschwerden der Klassenlehrerin und der Fachlehrer über Marks »vorlautes« Verhalten führt sie auf ihre vermeintliche Ungleichbehandlung zurück. »Dabei tue ich alles, damit die Kinder immer dasselbe bekommen!«

Als ich nach Beispielen frage, kann Frau Heinrichs mir eine Fülle an Situationen nennen, in denen sie penibel versucht, keines ihrer Kinder zu kurz kommen zu lassen. »Wenn einer eine CD bekommt, dann bekommt der andere auch eine, egal wie viele er schon hat!«

Wichtig zu wissen

Viele Kinder im Grundschulalter sind Gerechtigkeitsfanatiker, worunter Eltern und Lehrer gleichermaßen leiden. Das hat seinen Grund darin, dass Kinder bis etwa zum zehnten Lebensjahr, die Übergänge sind fließend, sich nur ansatzweise in das seelische Bezugssystem eines anderen versetzen können.

Kinder meinen: Gerecht ist, wenn jeder das Gleiche bekommt! Sinnvoller ist folgender Grundsatz:
Gerecht ist, wenn jeder das Seine (das, was er gerade braucht) bekommt!
Er muss Kindern vor der Pubertät jedoch von ihren Bezugspersonen immer wieder aufs Neue an konkreten Beispielen vor Augen geführt werden.
Dazu kommt, dass niemand alle Menschen seines Beziehungsnetzes gleich lieben kann. Wenn ich alle meine Kinder gleich liebte, müsste ich mich auf ein Durchschnittsmodell der Liebesverteilung beziehen. Dann bekäme gar manches meiner Kinder weniger Liebe, als es vielleicht im Augenblick braucht. Es geht nicht um die Quantität meiner Liebe, es geht um ihre Qualität. Wir lieben einen Menschen aufgrund seiner einzigartigen Persönlichkeit, das gilt für Kinder, Partner und Freunde gleichermaßen. Diese einzigartige Persönlichkeit Ihres Kindes in Ihrem elterlichen Spiegel immer deutlicher werden zu lassen, ist ein heller Leitstern für Erziehung. Im nächsten Kapitel werden wir uns damit beschäftigen.

Sich rechtfertigen

Anstatt mit Anstrengung darauf zu achten, dass alle Ihre Kinder in jeder Situation gleich viel bekommen, was ohnedies nicht funktioniert, ist es vorteilhaft, das Augenmerk auf die Bedürfnisse meines Kindes und auf seine emotionale Befindlichkeit im Augenblick zu richten. Wenn Sie mit Ihrer jüngsten Tochter Cornelia zum Eisessen gehen, weil Sie ihr das als Trost für den weggelaufenen Hamster versprochen haben, und Ihre Älteste Ihnen bei der Rückkehr wütend die Tür öffnet mit den Worten: »Na, kommst du endlich mit deinem ›Herzeboppele‹ zurück!«, dann ist es sinnlos, sich wortreich zu verteidigen. Weder Ihre Versicherung, dass Sie Maria genauso lieben, noch Ihr Hinweis auf den gemeinsamen Besuch des botanischen Gartens in der letzten Woche werden Maria überzeugen.

Sich zu rechtfertigen hilft nicht weiter.

Man ist keine bessere Mutter, kein besserer Vater, wenn man alles gleich verteilt: Liebe, Zuwendung, Zeit, Geschenke ... Das Einzige, das Sie in einer solchen Situation tun können, ist, die Wut und die Enttäuschung von Maria zu teilen und eher humorvoll bei der nächsten Unternehmung mit Maria ein Eisessen in Aussicht zu stellen. Wie man Gefühle teilt, sagen wir Ihnen im Folgenden.

Raum für Beziehung schaffen – die Situation umdeuten

Praxis-tipps

Jeder Situation, der wir mit unseren Kindern begegnen, geben wir eine Bedeutung, die dann bestimmte Gefühle auslöst, die wiederum unseren erzieherischen Handlungsspielraum einengen oder auch erweitern. An einigen Beispielen möchten wir Sie das erfahren lassen.

Auf Gefühle und Bedürfnisse hören

Einengende Bedeutung	*Erweiternde Bedeutung*
Mein Kind ist so egoistisch!	Mein Kind kämpft mit all seiner Vitalität um einen Platz in meinem Herzen!
Mein Kind wird noch kriminell!	Mein Kind richtet einen Notruf an mich. In irgendeinem lebensnotwendigen Bedürfnis ist es unterversorgt.
Die zwei schlagen sich noch tot!	Die sind sich als Brüder einfach unendlich wichtig.

Zum Raumschaffen schlagen wir Ihnen auch vor, die Situationen mit Ihren Kindern unter zwei Aspekten zu betrachten:

Wie kämpft mein Kind um seinen Platz in meinem Herzen?

Welches Bedürfnis möchte mein Kind vorrangig befriedigen?

Wie man die Bedürfnisse von Kindern herausfindet, werden Sie gleich üben. Vergessen Sie dabei nie: Kinder, die sich auseinander setzen, haben sehr viel Interesse aneinander.

Die Notsignale lesen – eine Beziehungsbrücke bauen

Praxistipps

Wenn Sie durch Umdeuten der Situation Ihren Handlungsspielraum erweitert haben, dann gilt es, das Notsignal Ihres Kindes zu verstehen und Ihre Beziehung zu intensivieren. Das kann auf zweierlei Weise geschehen.

Das Bedürfnis aufspüren.

① Finden Sie Bedürfnisse, auf deren Unterversorgung das Verhalten Ihres Kindes hinweist. Knicken Sie ein Blatt in Ihrem Heft in der Mitte ein. Schreiben Sie in die linke Spalte das Verhalten Ihres Kindes, zum Beispiel:

Verhalten meines Kindes
Ralph schwärzt Bettina an, dass sie die Blumen auf dem Balkon nicht gegossen hat ... dass sie eine Fünf im Diktat nicht gezeigt hat ... dass sie nie ein Brot in die Schule mitnimmt ...

Sehen Sie sich noch einmal die Bedürfnispyramide auf S. 42 an und schreiben Sie dann auf die rechte Seite, welches der für die Entwicklung unabdingbaren Bedürfnisse bei Ralph im Augenblick wenig Nahrung erhält, zum Beispiel:

Verhalten meines Kindes	Welches Bedürfnis kommt zu kurz?
Ralph schwärzt Bettina an, ...	Ralph erhält zu wenig Anerkennung.
Verhalten meines Kindes	**Welches Bedürfnis kommt zu kurz?**
Ralph möchte abends nicht mehr selbst lesen, sondern will, dass ich ihm wieder vorlese.	Ralph fühlt sich im Augenblick verloren und ungeborgen. Er braucht Zuwendung.
Verhalten meines Kindes	**Welches Bedürfnis kommt zu kurz?**

② Fühlen Sie sich in Ihr Kind ein, indem Sie ihm rückmelden, was möglicherweise in seiner Psyche vor sich geht. Im Ansatz haben Sie eine solche Einfühlung schon beim Umgang mit dem problematischen Vergleichen und dem lästigen Petzen geübt. Hier nun die ausführliche Darstellung. Sie bauen auf diese Weise eine Brücke zum Herzen Ihres Kindes und Sie beide kommen miteinander ins Gespräch. Das geht folgendermaßen:

Einfühlung geben.

Greifen Sie mögliche Bedeutungen, Absichten oder auch Gefühle und Bedürfnisse auf, die Ihr Kind vielleicht im Augenblick bewegen, und bieten ihm diese fragend an. Wenn Ihr Kind Ihr Angebot korrigiert im Sinne des »Bei mir ist das ganz anders«, dann sind Sie bereits im Gespräch.
Das könnte dann z.B. lauten: »Und als du das gesehen hast, da warst du enttäuscht ...?« – »Nein, enttäuscht nicht, das war für mich nur nervig ...«

Eine Brücke zum Herzen Ihres Kindes bauen Sie, wenn Sie entweder

Eine Brücke bauen.

- die **Bedeutung** zu lesen versuchen, die Ihr Kind einer Situation gibt (»Du meinst, ich hab die Cordelia lieber als dich, wenn ich mit ihr spiele ...«); oder
- die **Absicht** benennen (»Du würdest die Cordelia am liebsten an die Wand klatschen«); oder
- die **Gefühle/Bedürfnisse** artikulieren (»Du hast eine richtige Wut auf die Cordelia/Du fühlst dich so richtig vernachlässigt«).

Ihr Kind weiß dann: Was in meinem Herzen geschieht, ist okay. Wir alle haben gelegentlich heftige Gefühle, auch Erwachsene. Sie einzugestehen und auszusprechen heißt nicht, ihnen auch Taten folgen zu lassen. Im Gegenteil: Die Wahrscheinlichkeit, dass sich Gewalttätigkeit im realen Leben Bahn bricht, ist höher, wenn die Vorstellung verschwiegen werden muss. Zeigen Sie Ihrem Kind, dass Sie seine Gefühle verstehen können. Auf die Regeln des Verhaltens können Sie anschließend hinweisen. Im Abschnitt »Wertschätzend Grenzen setzen« (ab Seite 106) werden wir auf die Normen des Zusammenlebens noch einmal eingehen. In der Fachsprache heißt ein solches Verhalten Einfühlung oder Empathie. Wenn Sie in kritischen Situationen sofort eingreifen, sozusagen als Richter auftreten, Ihr Kind in sein Zimmer oder auf den »stillen Stuhl« schicken, es ermahnen und drohen, dann haben Sie zwar reagiert, Ihr Kind aber mundtot gemacht und möglicherweise auch bloßgestellt. Seine Gefühle verschwinden dadurch nicht. Ihre Beziehung ist dann jedoch gefährdet.

Eine Beziehungsbrücke bauen

Hören Sie auf die folgenden Geschwisteraussagen. Wie ließe sich hier eine Beziehungsbrücke bauen?

① Der Simon bekommt immer alles von dir! ____________________

② Die hat mir schon wieder mein Puzzle kaputtgemacht! ____________________

③ Das Geld hat die Susanne geklaut. Die kommt noch ins Gefängnis. ____________________

④ Der Mark ist so gemein! Ständig benutzt er mein Skateboard! ____________________

⑤ Mit dem spielst du immer am Computer! ____________________

Hier einige Anregungen für mögliche Reaktionen:

① Du fühlst dich ungerecht behandelt?
② Du hast 'ne richtige Wut auf die Britta, was?
③ Du machst dir Sorgen um deine Schwester.
④ Den Mark möchtest du am liebsten in der Luft zerreißen.
⑤ Du meinst, ich ziehe deinen Bruder vor, stimmt's?

Lassen Sie mich Ihnen den Inhalt dieser Übung noch auf eine andere Weise verdeutlichen. Meist greifen wir in Gesprächen mit Kindern die Sachebene der Botschaft auf und versuchen, ihnen klar zu machen, was richtig und was falsch ist. Verstanden fühlt sich Ihr Kind aber nur, wenn Sie die emotionale Ebene der Situation aufgreifen. Die Sachebene kann anschließend geklärt und die Regeln benannt werden.

Zuerst auf der emotionalen Ebene reagieren.

Klaus: Alle in meiner Klasse haben ein Mountainbike!

Sachebene

Vater: Das stimmt überhaupt nicht! Der Claudio zum Beispiel hat keines, das weiß ich sicher!

Emotionale Ebene

Vater: Du hättest auch gern so ein Mountainbike ...?

Überlegen Sie noch einmal, wie Sie in Situationen mit Ihren Kindern die emotionale Botschaft aufgreifen können. Hier einige Beispiele:

Situation	Reaktion auf der Sachebene	Reaktion auf der emotionalen Ebene
① Der Peer hat schon wieder meinen CD-Spieler benutzt!	Das kann nicht sein, der war beim Fußballtraining.	Du ärgerst dich, weil der Peer oft ungefragt deine Sachen nimmt.
② Die Marie habt ihr viel lieber als mich!	Das stimmt überhaupt nicht.	Du fühlst dich schlecht behandelt.
③ Der lässt mich nie mitspielen, wenn der Michael da ist!	Manchmal aber schon. Letzte Woche habt ihr doch zusammen gespielt!	Da bist du richtig eifersüchtig ...?
④ Der David bekommt immer alles von euch! Dem schiebt ihr alles hinten rein, was er sich wünscht!	Wie kommst du darauf? Erinnere dich bitte an das Videospiel! Das hat der David erst bekommen, als er vier Wochen lang pünktlich zu Hause war!	__________ __________ __________
⑤ Da sieht man's mal wieder! Billy ist einfach dein Herzstück. Der lässt du alles, aber auch alles durchgehen!	Das ist überhaupt nicht wahr. Die Billy durfte zweimal nicht zum Reiten, weil die Hausaufgaben nicht fertig waren!	__________ __________ __________

Mein Schuldmonster zähmen

So geht es anderen

Frau Warnke ist eine attraktive, lebendige Frau, zu deren Erscheinung ihre Verzweiflung ob des Geschwisterkampfes ihrer drei Kinder nicht zu passen scheint. Als sie schließlich ihr eigentliches Anliegen, die »leider nur« mittelmäßigen Schulleistungen ihres Ältesten, vorzutragen beginnt und eine Pause zum Luftholen entsteht, meine ich: »Als Mutter fühlen Sie sich auf der ganzen Linie als Versagerin!« Frau Warnke erstarrt einen Augenblick, bevor sich die Anspannung in einem Strom von Tränen auflöst.
Mit meiner Bemerkung hatte ich den Kern ihrer selbstabwertenden Gedanken getroffen. Schon seit Monaten begleitete sie der quälende Gedanke, ob sie denn wirklich eine gute Mutter sei.

Wichtig zu wissen

Wie Frau Warnke geht es vielen Eltern, wobei es den Vätern eher gelingt, die Frage nach der Qualität ihrer Vaterschaft beiseite zu schieben. Manche machen eher ihre Frauen für Erziehungsprobleme verantwortlich. Mütter dagegen werden vom eigenen Schuldmonster zuweilen buchstäblich verschlungen, wenn unter ihren Kindern nicht Harmonie herrscht, diese sich in der Welt nicht strahlend präsentieren oder es Zeiten gibt, da sie in der Schule nicht so recht mithalten können. Dann jagen sich im Kopf verzweifelte Fragen:

- Habe ich zu wenig Verständnis für meine Kinder?
- Bin ich zu ungeduldig? Schreie und schimpfe ich nicht zu viel?
- Würden mein Mann und ich uns besser verstehen, dann wären meine Kinder nicht so feindselig!

- Hätte ich mich nicht von meinem Partner getrennt, wüchse mein Kind in einer vollständigen Familie auf!
- Haben wir alle vielleicht zu wenig Zeit füreinander?

Schuldgefühle sind kontraproduktiv.

Die Liste lässt sich beliebig verlängern. Fest steht: Alle Eltern wollen das Beste für ihre Kinder. Sie werden jedoch ihrem Anspruch an sich als Eltern nur selten gerecht. Schuldgefühle aber sind gefährlich, denn sie verleiten uns dazu, wenig konsequent zu sein und unseren Kindern zu wenig Verlässlichkeit anzubieten. Immer wieder nagen sie an unserer Seele und verführen uns zum Umwerfen von Regeln, die wir für unsere Kinder aufgestellt haben. Sei doch nicht so streng!, hören wir dann innerlich. Erlaub dem Martin das Fernsehen, du hast ihn doch gerade so geschimpft! Wie kann er da ein glückliches Kind sein! Und schon sagen wir allen Vorsätzen ade und wundern uns, dass Martin immer aufsässiger ist und immer häufiger seine Schwester attackiert. Unser Schuldmonster wird genährt auch durch die Tatsache, dass die meisten psychologischen Ansätze ebenso wie die wichtigsten Institutionen (zum Beispiel Kindergarten, Schule oder Sportverein ...) Eltern für das Verhalten ihrer Kinder verantwortlich machen. Kein Wunder, dass manchen Vater und ein Heer von Müttern im Zusammensein mit ihren Kindern die dumpfe Melodie begleitet: Ich bin schuld! Eine Sichtweise, die Eltern die Schuld am Verhalten ihrer Kinder zuweist, ist nicht völlig von der Hand zu weisen, sie übersieht aber, dass es keinen Menschen gibt, der im Erziehungsgeschäft alles richtig macht. Starke Eltern wissen, dass sie ihre Kinder nicht immer glücklich machen können. Das tut weh, aber es entspricht der Realität. Mit diesem Abschied vom idealen Elternsein lassen Sie uns versuchen, Ihr Schuldmonster zu zähmen.

Meinem Schuldmonster eine Gestalt geben

Praxistipps

Nehmen Sie ein großes Blatt Papier oder einen Zeichenblock zur Hand und Wachsmalkreiden oder auch Wasserfarben. Machen Sie sich frei von der Sorge, Sie könnten nicht malen. Trauen Sie sich einfach. Ihr Bild muss nicht »schön« werden und Sie brauchen es auch niemand zu zeigen.
Malen Sie Ihr Schuldmonster so, wie es vor Ihrem inneren Auge erscheint. Sie können es auch aus Knetmasse oder Ton formen. Sperren Sie es dann in eine schöne Schachtel und stellen diese gut sichtbar auf. Ihr Monster braucht ein ansprechendes Gehäuse, weil Sie seine psychische Energie nicht vergessen oder gar vernichten dürfen. Mutter oder Vater sein verlangt eine Menge psychischer Kraft: die Bedürfnisse Ihrer Kinder erkennen, Grenzen setzen, auf Regeln und Ordnungen achten, etc. Und noch eines: Aus dem Familiengeschäft kann man sich nicht zurückziehen, Kündigung oder Urlaub sind viele Jahre lang gestrichen. Sie brauchen diese starke Energie, die Ihr Schuldmonster hat, also noch lange Zeit – und für wichtigere Aufgaben als die, sich schuldbewusst an die Brust zu schlagen. In stillen Momenten heben Sie den Deckel der Schachtel und sprechen Sie mit Ihrem Monster. Freuen Sie sich, wenn seine Stimme immer schwächer wird.

Meinem Schuldmonster die Nahrung verweigern

Praxistipps

Wir möchten Sie einladen, eine Liste von Verhaltensweisen als Vater oder Mutter aufzuschreiben, die Sie sich vorwerfen:

Eine Handlung wird dann erst zu einem aggressiven Akt, wenn wir aus zerstörerischer Absicht gehandelt haben. Das ist bei Erwachsenen und Kindern so. Wenn eines Ihrer Kinder aus Versehen eine Vase umstößt, an der Sie sehr gehangen haben, dann werden Sie es auch nicht bestrafen, sondern eher trösten und gemeinsam überlegen, wie der Schaden wieder gutzumachen ist. Untersuchen Sie also die einzelnen Posten Ihrer Schuldliste daraufhin, ob Sie aus böser Absicht gehandelt haben. Wenn nicht, dann streichen Sie die Verhaltensweise durch und schreiben dahinter: nicht schuldig. Es werden nur wenige Posten übrig bleiben. Und Ihr Schuldmonster verhungert.

Praxis-tipps

Ein Zauberstab für meine Kompetenzen

Stellen Sie sich vor, in der Nacht hätte Sie im Traum eine gute Fee besucht. Diese hätte Ihnen einen Zauberstab in die Hand gegeben. Die gute Fee verspricht Ihnen, dass sie alle Eigenschaften und Situationen mit Ihren Kindern wegzaubert, die Ihnen Sorgen bereiten. Nur diejenigen, die Sie vorher mit dem Zauberstab berührt hätten, die dürften Sie behalten. Überlegen Sie gut, was Sie berühren wollen. Damit Sie nichts davon vergessen, schreiben Sie diese wunderbaren Dinge auf.

Blicken Sie nun freundlich auf Ihre Kinder und auf sich und seien Sie gnädig mit sich, wenn Sie sich wieder einmal nicht so verhalten, wie Sie das als idealer Vater oder als ideale Mutter von sich erwarten.

Kapitel 2

Die Individualität meiner Kinder erforschen

Paul, unser Stuntman!

Anna, unsere Fleißige!

Im letzten Kapitel haben wir erforscht, mit welchen Strategien Kinder ihren Platz im Familiensystem erkämpfen und ihre grundlegende Angst abwehren. Sie haben sich ausführlich mit den Brennpunkten beschäftigt, dem Vergleichen und Petzen, und Sie haben Handwerkszeug erworben, wie Sie diesen Kampf in sichere Bahnen leiten können. Jetzt geht es darum, die individuelle Persönlichkeit Ihres Kindes mit ihren Ressourcen, aber auch ihren Schwierigkeiten auf die Bühne zu holen. Wir betrachten, welche unterschiedliche psychische Ausstattung Ihre Kinder mitbringen. Jedes Kind braucht im Familiensystem eine Nische, in der es sich einzigartig fühlen und ein stabiles Selbstwertgefühl entwickeln kann.

Wir wollen die Fähigkeiten und Lebensstile Ihrer Kinder herausfinden, damit Sie ihren Reichtum auch genießen und Ihre Kinder individuell fördern können.

In der schulpsychologischen Beratungsstelle, in der wir arbeiten, hängt ein großes Plakat mit den Worten: Jedes Kind ist ein Gedanke Gottes, wir müssen nur herausfinden – welcher.

Lassen Sie uns diesem Leitfaden folgen.

Botschaften aus meiner Herkunftsfamilie erinnern

So geht es anderen

Frau Meißner meldet ihre neunjährige Tochter Tanja beim schulpsychologischen Dienst an, weil Tanja so schüchtern sei und ihre Sozialkompetenz gefördert werden müsse.
Tanja hat eine kleine Schwester, die lebhaft und gesellig ist und den Kindergarten besucht. Tanja kümmere sich sehr um ihre kleine Schwester. Frau Meißner zieht ihre Kinder allein auf und arbeitet als Heilpädagogin in einer öffentlichen Einrichtung.
In den spieltherapeutischen Stunden beschäftigt Tanja sich hingebungsvoll mit Rollenspielen. Sie räumt das Puppenhaus ein und lässt die Familienmitglieder in allen möglichen Szenen auftreten. Außerdem malt sie immer wieder ihr Familiensystem: Vater und Mutter, Großeltern, Tanten und Onkel, Cousins und Cousinen. Beim Spiel, beim Malen und im Gespräch zeigt Tanja ein weites Repertoire sozialer Fähigkeiten. Ich stehe vor einem Rätsel.
Ein Gespräch mit der Lehrerin ergibt, dass Tanja in der Schule sich als ein phantasievolles, stilles Mädchen zeigt, das sich gern allein beschäftigt, in der Klasse jedoch eine anerkannte Position innehat. Da entschließe ich mich zu Gesprächen mit Frau Meißner. Die Mutter berichtet unter Tränen, wie sie als Kind immer im sozialen Abseits stand, wie ihre Mutter ihr vermittelt hatte, dass sie für andere völlig unattraktiv sei und dass sie solche Erlebnisse ihrer Tochter in jedem Fall ersparen wolle. Die alten Botschaften aus ihrer Ursprungsfamilie haben verhindert, dass Frau Meißner ihre Tochter mit allen ihren Fähigkeiten wirklich sehen konnte.

Begleitend zu den Stunden mit Tanja haben Frau Meißner und ich in mehreren Sitzungen die alten Glaubenssätze sortiert und schließlich in konstruktive und destruktive eingeteilt. Diese erste Arbeit ist notwendig, um darüber nachzudenken, welche dieser Wegweiser sie behalten und welche sie ablegen möchte.

Wichtig zu wissen

Kinder sind darauf angewiesen, von ihren Eltern gesehen und gehört zu werden. Die Säuglingsforschung hat eindrücklich bewiesen, dass Kinder ihr Selbst nur im Spiegel ihrer Bezugspersonen finden können. Was Eltern ihrem Kind an Rückmeldung geben, zeigt ihm, dass und wie es in der Welt ist. Jedes Kind wendet seinen Blick zuerst einmal »nach oben« zu Mama und Papa und will für diese das wichtigste Kind sein. Dabei richten Kinder aufmerksam und sensibel ihre Antennen auf die Eltern und versuchen, deren Phantasien und Wünsche einzufangen.

Wenn Eltern ihr Kind aus welchen Motiven auch immer ermahnen: Sei doch nicht so schüchtern! Ruf doch deine Freundin an!, dann wird dieses Kind schließlich eine Botschaft in sein Selbstbild übernehmen, die da lautet: Ich bin schüchtern! Eine Botschaft mit äußerst entwicklungseinschränkenden Folgen.

Es gibt aber auch Glaubenssätze, die Ansporn sind zu neuen Erfahrungen. Erhält ein Kind häufig die Rückmeldung: Du bist aber mutig!, dann wird es den Glaubenssatz Ich bin mutig! seinem Selbst einverleiben, und seine Entwicklung wird voranschreiten. Tanja als Erstgeborene hat als introvertiertes Kind Mutters Ängste geweckt, aber dadurch auch viel Fürsorge erfahren. Außerdem war sie inzwischen selbst der Meinung, sie sei einfach schüchtern und könne nicht wirklich Kontakt zu anderen Kindern aufnehmen. Sie hat Mutters aus Angst geborene Botschaft verinnerlicht, internalisiert, wie die Psychologie sagt, und handelt nun immer mehr danach. In jedem Fall: Mutters mit Sorge erfüllte Aufmerksamkeit ist ihr dadurch gewiss.

Wir alle tragen solche einengenden oder das Handlungsfeld weitende Botschaften aus unserer Herkunftsfamilie in unserem Herzen. Sie bestimmen mit, durch welche Brille wir unsere Kinder wahrnehmen. Mit manchen dieser alten Botschaften fühlen wir uns wohl, sie gehören zu uns, bei anderen fühlen wir uns heute noch wie an unsichtbaren Fäden in die Vergangenheit gezogen. Zu den Gummibandsituationen, die uns zuweilen blitzschnell in die eigene Kindheit katapultieren, gehört auch das Auftauchen der schwarzen Schafe im Familiensystem, die als abschreckendes Beispiel bedrohlich im Hintergrund lauern. Das erinnert mich an Mark, den zehnjährigen vermeintlichen Schulversager. Er wurde von seinem sehr erregten Vater an der Beratungsstelle angemeldet. Kaum hatte Mark nämlich seine verpatzte Rechenprobe beschämt auf den Esstisch gelegt, da tauchte vor dem inneren Auge von Herrn Klausen dessen Bruder auf, der aufgrund einer Lernbehinderung eine Sonderschule besuchte, in der Arbeitswelt nie wirklich Fuß gefasst hatte und schließlich Alkoholiker geworden war. Angst und Verwirrung trübten den Blick des Vaters auf seinen ehrgeizigen und intelligenten Sohn.

Alte Botschaften können unseren Blick trüben.

Haben wir diese alten Botschaften erst einmal ins Bewusstsein gehoben, können sie uns den Blick auf unsere Kinder nicht mehr verstellen. Lassen Sie uns einmal Ihren Fäden in die Vergangenheit folgen.

Praxis-
tipps

Mit welcher Brille betrachten Sie Ihre Kinder?

In dieser Übung geht es darum, unbewusste Muster in Ihrer Einstellung und Ihrem Verhalten aufzulösen. Wir putzen sozusagen Ihre Brillengläser, damit sie Ihnen einen realitätsbezogenen Blick auf die Individualität Ihrer Kinder gestatten.

Wir möchten Sie in einem ersten Schritt anregen, mittels eines Zeitrades sich in Ihre Kindheit zu begeben. Dazu bieten wir Ihnen eine Reihe von zerstörerischen Botschaften an, die Sie beliebig erweitern oder verändern können.

Suchprozesse anregen.

Lesen Sie diese Botschaften durch und beobachten Sie achtsam, was diese in Ihnen zum Klingen bringen. Vermutlich werden Erinnerungsfetzen auftauchen oder auch ganze Sätze in Ihrem inneren Ohr ertönen. Notieren Sie alles, was Ihnen durch Kopf und Herz geht. Deutliche Erinnerungsbilder sind genauso wichtig wie undefinierbare Gefühle.

Sei nicht am Leben!
Du machst mir nur Mühe ... Mit dir hat man nur Sorgen ...

Bleib fern!
Komm mir nicht zu nahe ... Du mit deiner Schmuserei, das ist ja eklig ... Rück mir nicht ständig so auf die Pelle ...

Sei nicht wichtig!
Hab dich nicht so ... Spiel dich nicht so auf ... Mach kein Theater ... Immer muss sich alles um dich drehen ...

Sei jemand anderes!
Du tust immer nur das Falsche ... Nichts tust du so, wie

es sein soll ... Ich hätte so gern einen Jungen gehabt (bei einem Mädchen) ...

Hab keinen Erfolg!
Du bist aber siegesgeil ... Musst du immer gewinnen ... Du wirst schon sehen, wohin du mit deinem Ehrgeiz kommst ...

Zeig keine Gefühle!
Wenn man so sauer ist, dann zeigt man das doch nicht ... Du mit deiner Gefühlsduslígkeit ... Du bist eine rechte Heulsuse ...

Vertrau anderen nicht!
Man kann sich auf niemand verlassen ... Frauen sind immer die Dummen ... In unserer Familie verlässt man sich auf sich selbst ...

Werd' bloß nicht wie Tante Lydia!
Wenn du so weitermachst, wird es dir gehen wie Tante Lydia ...

Bevor Sie sich nun Ihre Notizen, aber auch unsere Sammlung destruktiver Botschaften noch einmal vor Augen halten, überlegen Sie: Welche schwarzen Schafe, welche ausgestoßenen, totgeschwiegenen oder abgewerteten Personen gab es in Ihrem Familiensystem? Schreiben Sie auch diese auf und notieren Sie Eigenschaften, die diesen Familienmitgliedern zugeschrieben werden.

Nun wechseln Sie zu Ihren Kindern und überlegen: Um welches meiner Kinder mache ich mir besonders Sorgen? Können Sie eine alte Botschaft finden oder auch

Die alten Botschaften mit meiner »Kinderbrille« vergleichen.

einen Menschen in Ihrem Familiensystem, durch die oder den Ihr Blick auf eines Ihrer Kinder verstellt wird? Vergleichen Sie dazu Ihre Notizen mit den Bildern, die Sie von Ihren Kindern haben.

Wenn Sie so ein möglicherweise verzerrtes Bild gefunden haben, dann schlagen Sie eine neue Seite in Ihrem Heft auf und notieren Sie alle Eigenschaften Ihres Kindes, die anders sind oder die ein Anderssein befördern. Diese Eigenschaften sollen Ihnen zeigen, dass Ihre Kinder eigenständige Wesen sind und mit Ihrer Vergangenheit nichts zu tun haben.

Mein Kind ist ______________________________

____

____

Es verhält sich ______________________________

____

____

Ich will es nicht verwechseln mit ______________________________

____

____

Die liebenswerten Seiten meiner Kinder fördern

So geht es anderen

Nachdem mir die Eltern von Frederic, neun Jahre, lange und ausführlich von dessen Defiziten erzählt haben, hole ich tief Luft und sage: »Jetzt haben Sie mir eindringlich von allem erzählt, was Frederic nicht tut, nicht kann und was Ihnen Sorge bereitet. Nun möchte ich auch von allem hören, was Sie an Ihrem Frederic mögen!« Vater und Mutter schauen sich stumm an. Schließlich meinen beide: »Da fällt uns jetzt gar nichts ein!« Und Frau Strobel fügt gleichsam entschuldigend hinzu: »Wissen Sie, von seiner Schwester Annabella könnten wir Ihnen eine Menge erzählen.«

Wichtig zu wissen

So wie Frederics Vater und Mutter geht es vielen Eltern, wenn ihr Kind in eine Krise gerät. Die kognitiven und sozialen Probleme haben den Blick seiner Eltern so getrübt, dass sie nichts Liebenswertes mehr an ihrem Sohn wahrnehmen. Mutter und Vater starren auf die Defizite. Dabei möchte auch Frederic wie die Schwester seine Eltern beglücken, aber es scheint nichts mehr zu geben, was des Lobes würdig wäre. Frederic ist in seiner Familie nicht mehr als ein »Kind in Krise« existent, sondern nur noch als »Sorgenmonster«. Der Fluss der Entwicklung kann nicht mehr fließen, Frederics Entwicklung stagniert. Was braucht ein Kind zum Wachsen?

Damit Kinder sich in ihrer Existenz bejaht fühlen, ist es nicht notwendig, dass Sie alles gut finden, was Ihr Kind tut. Aber wenn es eine Entwicklungsaufgabe im Augenblick nicht meistert, dann gibt es immer auch andere, die es sehr wohl bewältigt. Ein Kind, das gerade in einem

Kinder müssen sich angenommen fühlen.

Fach in der Schule versagt, schlägt sich vielleicht tapfer auf dem Fußballplatz. Ein Kind, das von morgens bis abends seine jüngere Schwester attackiert, spielt vielleicht phantasievoll mit seinen Freunden.

Angenommen fühlen Kinder sich dann, wenn Sie als Eltern seinem positiven Verhalten Aufmerksamkeit schenken, wo immer sich dieses zeigt. Angemessenes Verhalten darf nie selbstverständlich sein.

Auch wenn nicht die ganze Aufgabe gut bewältigt ist, Kinder wollen auch in kleinen Ansätzen von ihren Eltern beim »Gutsein« erwischt werden. Bei einem Kind mit Schwierigkeiten im Lesen und Rechtschreiben gibt es vielleicht ein Wort oder einen Satz, der richtig geschrieben ist; beim Aufräumen des Zimmers entdecken Sie vielleicht eine Schublade, die ordentlich eingeräumt ist; bei miteinander kämpfenden Geschwistern gibt es eine Begebenheit, in der Ihre Kinder einander beigestanden haben. Ihre anerkennende Stimme wird Ihr Kind ständig begleiten, es ermutigen und ihm beim Ausprobieren neuer Fertigkeiten Sicherheit geben. Dazu gehört auch, dass Sie bei Schwierigkeiten nicht sofort eingreifen im Sinne von »Das kannst du ohnedies nicht!« oder dass Sie zwar das Gelungene loben, Ihr Lob aber mit einem Nebensatz sofort wieder zunichte machen: »Die erste Zeile hast du super geschrieben, aber der Rest sieht fürchterlich aus!« oder auch, indem Sie sagen »Warum nicht immer so?«. Zeigen Sie Ihrem Kind, dass Sie Vertrauen in seine Fähigkeiten haben.

Kinder wollen ermutigt werden.

Erwerben Sie einen differenzierten Blick auf Ihre Kinder und loben Sie nicht alle für dasselbe Verhalten. Sie können getrost bei Cornelia ihre Künste auf Schlittschuhen beachten und Peter für seine Lesewut Anerkennung zollen. Regiert in Ihrer Familie jedoch die Norm »Gute Kinder sind gescheite Kinder!«, dann besteht die Ge-

Kinder wollen in ihren Eigenheiten beachtet werden.

fahr, dass Cornelias Eislaufkünste durchs Familienwerteraster fallen.

Ein wertschätzender Blick auf Ihre Kinder

Praxistipps

Nehmen Sie Ihr Notizheft zur Hand und skizzieren Sie auf jeder Seite ein Mädchen oder einen Jungen, je nach der Anzahl und dem Geschlecht Ihrer Kinder. Verwenden Sie für jedes Kind eine Seite. Dann notieren Sie um das Kind herum alles, was Ihnen an guten Fähigkeiten und Fertigkeiten, an liebenswerten Verhaltensweisen und Reaktionen einfällt. Beim Schreiben werden Sie vielleicht merken, dass Ihnen immer wieder Neues einfällt, was Ihr Kind nicht gut kann, was Ihnen Sorgen bereitet, wo Sie genervt sind. Schieben Sie diese Gedanken geduldig beiseite. Defizite geben keinerlei Ansatz für Lob.

Vom richtigen Loben

Sagen Sie Ihrem Kind genau, für was Sie es loben.

Kinder haben ein sicheres Empfinden dafür, was sie gut machen und was sie noch nicht so gut können. Wenn Sie als Vater bei den Hausaufgaben helfen, weil Ihr Kind die Sachaufgabe in Mathematik nicht verstanden hat, nützt es Ihrem Kind wenig, wenn Sie es ermutigen mit der Aufforderung: »Das kannst du doch! Du bist doch nicht dumm!« Vielleicht gilt es im Augenblick nur anzuerkennen, dass Kevin die Hausaufgabe ausführlich in seinem Heft notiert hat: »Gut, dass du genau weißt, was ihr üben sollt!« Ihr Lob muss genau benennen, wofür es gilt. Nicht: »Das hast du super gemacht!«, sondern: »Danke, dass du die dreckigen Schuhe vor die Haustür gestellt hast.« – »Wie wunderbar, dass du schon den Tisch gedeckt hast! Und sogar eine neue Tischdecke hast du geholt!« – »In diesem Diktat hast du schon zwei Fehler weniger als im letzten!«

Praxistipps

Kleines Lob-Training

Was sich in der Realität bewähren soll, muss erst einmal auf dem Papier geübt werden. Überlegen Sie ein konkretes Lob für Ihre Kinder zu folgenden Aufgabenbereichen.

	Tom	Jana	Linus
Anziehen – Umgang mit Kleidung			
Nach Hause kommen			
Hausaufgaben			
Tischmanieren			
Umgang mit Geschwistern			
Zu Bett gehen			

Emotionen sind beim Lernen das wichtigste Schmiermittel, diese Erfahrung wird inzwischen auch von der Hirnforschung bestätigt. Wenn Sie Ihr Kind wirklich erreichen wollen, dann tun Sie das am nachhaltigsten, indem Sie sich selbst offenbaren und Ihre Gefühle in dieser positiven Situation preisgeben: »Das war super, wie du mit dem Ball nach vorn gestürmt bist. Ich bin richtig stolz auf dich!« – »So eine schwere Matheprobe! Du hast mehr als die Hälfte richtig! Da bin ich sehr zuversichtlich für das nächste Mal.« Mit solchen Selbstoffenbarungen zeigen Sie Ihrem Kind, welchen Platz es in Ihrem Herzen einnimmt, und übermitteln die Botschaft: Du bist wichtig für mich!

Zeigen Sie beim Loben Ihre Befindlichkeit, Ihr Gefühl.

Fügen Sie nun dem konkreten Lob in der Übung, in der Sie sich gerade versucht haben, noch jeweils einige Worte über Ihre Befindlichkeit hinzu.

Nährende Rituale für das Selbstgefühl

Praxistipps

Lobbriefkasten für die Adventszeit

In der dunklen Zeit vor Weihnachten überlegen alle in der Familie, womit sie einander Freude machen können. Um Lob auszusprechen, gibt es verschiedene Angebote:

- Für die ganze Familie kann ein Lobbriefkasten aufgestellt werden, der jeweils an den Adventssonntagen ausgeleert wird. Jeder in der Familie kann einen Lobbrief an verschiedene Adressaten einwerfen – geschrieben oder gemalt.
- Haben Sie einen Adventskalender mit Päckchen für jedes Kind, kann der Lobzettel zuweilen dem Geschenk beigelegt werden. Auch die Schuhe oder Strümpfe vor der Tür eignen sich als Lobbehälter.

Eine Wunschzeremonie am Geburtstag
Der Geburtstag ist für jedes Kind ein besonderer Tag, der es in seinem unverwechselbaren Wesen in den Mittelpunkt stellt und an dem jedes Mitglied der Familie gute Wünsche übermittelt, z.B. auf diese Weise: Jeder in der Familie erhält eine Blume oder einen Zweig und hängt daran seinen Wunschbrief. Das Geburtstagskind hält schließlich einen kleinen Strauß mit guten Wünschen in Händen.

Vergessen Sie nie: Kritik und Frustration kann nur *das* Kind ertragen, das sich wertgeschätzt und geliebt weiß.

Rollenzuschreibungen kritisch betrachten

So geht es anderen

»Wissen Sie, unsere Andrea ist einfach eine Elfe. Die ist wie ich, der darf man so etwas nicht zumuten!«, beginnt Frau Rau unsere Sitzung. Geschickt war die Mutter von der Grundschullehrerin ihrer Tochter, weil Andrea beim gemeinsamen Theaterbesuch der Klasse weinend aus dem Saal gelaufen war, als der Räuber bedrohlich polternd auf die Bühne kam. Einerseits verächtlich, andererseits aber auch um Ausgleich bemüht fügt Frau Rau hinzu: »Unser Theo ist da ganz anders, der ist ein richtiger Draufgänger, den schreckt nichts!«

Wichtig zu wissen

Den »goldenen Sigi« nannte Sigmund Freuds Mutter vermutlich mit berechtigtem Stolz ihren Ältesten. Das ist jedoch eine schwere Hypothek für ein Kind. In Frau Raus Familie sind die Kinder ebenfalls in das Korsett fester Rollenzuschreibungen gezwängt, und sie verhalten sich gemäß der elterlichen Erwartungen. »Sie liebt mich, weil ich eine Elfe bin« und »Sie lehnt mich ab, weil ich so ein Draufgänger bin«, so oder so ähnlich interpretieren beide Kinder den Rollenzwang mit verhängnisvollen Folgen für ihre Geschwisterbeziehung. Die Entwicklung positiver Geschwisterbeziehungen ist einer Fülle von Einflüssen ausgesetzt, welche deren Qualität begünstigen, aber auch verschlechtern. Damit praktische Vorschläge zur Hilfe genutzt werden können, müssen Eltern auch über theoretisches Wissen verfügen. Geschwister unterscheiden sich in einer Fülle von Eigenschaften: Alter, Geschlecht, Intelligenz, Temperament, Aussehen, Persönlichkeitsstruktur ... Diese Fülle in eine

Richtung zu kanalisieren und dieser dann ein Etikett aufzukleben, mag zwar vereinfachend sein, kann jedoch den Keim für Kampf und Rivalität unter Ihren Kindern säen. Hier wird nämlich gegen das Gerechtigkeitsprinzip verstoßen, das alle unsere sozialen Beziehungen regiert. In jeder Familie herrschen bestimmte Werte, denen das eine Etikett mehr entspricht als das andere. Anteilnahme und Fürsorge von Geschwistern ebenso wie eine gleichgewichtige Auseinandersetzung haben dann wenig Chancen.

Rollenzuschreibungen können Kinder zu Rivalen machen.

Es gibt bevorzugte Rollen, die einen scheinbar in die Nähe der Eltern bringen, und solche, welche uns ins Abseits führen, weg vom warmen Familientisch. Das eine Kind wird nur noch als Glückspilz wahrgenommen, das andere als Unglücksrabe, das eine Kind als Sonnenschein und das andere als Quälgeist, und wie die Rollenzuschreibungen noch heißen mögen. Neben der Zerstörung der Geschwisterbeziehung selbst verführt ein solches Etikett Kinder auch dazu, den Kontakt zu ihren eigenen Bedürfnissen und Fähigkeiten zu verlieren und sich die Wünsche und Erwartungen der Eltern zu Eigen zu machen. Die Psychologie spricht dann von einer wesensfremden Identifikation. Nicht überall greift die ausgleichende Gerechtigkeit in der Gestalt eines Prinzen ein wie im Märchen vom Aschenputtel.

Auch wenn Sie immer noch der Meinung sind, alle Ihre Kinder gleich zu lieben, unterliegen Sie aller Wahrscheinlichkeit nach einer Selbsttäuschung. Es ist, wie wir bereits besprochen haben, gar nicht möglich und auch nicht erstrebenswert, allen meinen Kindern dasselbe Maß an Liebe und Zuwendung zukommen zu lassen. Ehrlicher ist es, sich einzugestehen, dass ich das eine meiner Kinder besser verstehen und mich leichter in es einfühlen kann als in das andere, dass sich die Erziehung des einen für mich als Vater oder als Mutter einfacher oder auch schwieriger gestaltet als die des anderen Kindes. Sicher kann ich nur sagen, dass ich mir mit aller Kraft meines Herzens vornehme, allen meinen Kindern gerecht zu werden in dem, was sie im Augenblick von mir brauchen.

Nicht nur das Messen an den Familiennormen teilt die Kinder vorschnell in gute und böse, auch Bündnisse zwischen einzelnen Kindern und Vater oder Mutter, seien es nun die leiblichen Eltern oder Pflegeeltern in Gestalt eines Stiefvaters oder einer Stiefmutter, werden durch solche Zuschreibungen gefördert. Gar manches Kind steigt dann ins Paarzimmer auf, partizipiert an der elterlichen Macht und bekämpft von hier aus die Geschwister. Eindrücklich schreibt Horst Petri: »Diese von den Eltern vorgenommene Rollenverteilung ist die eindeutigste Form, wie Unterschiede zu Ungleichheit und Ungerechtigkeit umgepolt werden.«

Rollenzuschreibungen in der Familie beherrschen oft das Geschwisterschicksal und bieten wenig Raum für eigene Suchprozesse in der Frage: Wer bin ich? Es sind die offenen oder verdeckten Rollenzuschreibungen, die Geschwister zu Rivalen machen können.

Rollen in meiner Herkunftsfamilie

Praxis-tipps

Wie alle Eltern tragen auch Sie Botschaften aus Ihrer Herkunftsfamilie im Gepäck, das Sie dann im Elternzimmer auspacken. Das sind Rollen, die Ihnen selbst übermittelt wurden, aber auch Rollen, die Ihre Geschwister innehatten, wenn es welche gab. Erinnern Sie sich einmal an früher. Waren Sie in Ihrer Ursprungsfamilie vielleicht

- die Gescheite oder der Versager?
- die Prinzessin auf der Erbse oder der Strahlemann?
- Mutters Goldschatz oder Vaters Sargnagel?

Für das jetzige Erziehungsbemühen ist es wichtig, die Gedanken wieder einmal zurücklaufen zu lassen zum Ort und zu den Menschen, die uns als Kinder geprägt haben. Nehmen Sie Ihr Notizbuch zur Hand und notieren Sie die »Rollenkäfige«, in denen Sie selbst, aber auch Ihre Geschwister saßen, und wie Sie alle die Situation bewältigt haben.

Meine Rolle als Kind	Wie bin ich damit umgegangen?
______________________	______________________
______________________	______________________
Rollen meiner Geschwister	**Wie sind sie damit umgegangen?**
______________________	______________________
______________________	______________________

Sich über die eigene Rolle im früheren Familiensystem klar zu werden, kann hilfreich sein, damit ich meine Kinder nicht durch dasselbe Rollenfernrohr wahrnehme, wie Frau Rau das bei ihrer Tochter Andrea tut. Aber auch eine andere Falle steht im Elternzimmer, dass ich nämlich verdeckt an meine Kinder den Wunsch richte, mich aus meinem alten Rollenkäfig zu erlösen. Nach den Erfahrungen in seiner Familie befragt, bezeichnet sich beispielsweise Jessicas Vater als »Loser«. Die alten Gefühle der Versagensangst will er auf keinen Fall mehr spüren, und so übt er gewaltigen Druck auf seine Tochter aus, ihn durch gute Schulleistungen vom familialen Rollenzwang zu befreien.

Kinder gehen sehr unterschiedlich mit solchen Rollenzuschreibungen um. Wertvolle Rollen, die Vorteile bringen, sind verlockend und verführen häufig zu Anpassung. Opferrollen dagegen fordern zur Revolte auf, wenn nicht die Vitalität des Kindes bereits große Einbußen erlitten hat und es in die Depression absackt. Aus diesem Grunde ist es wichtig, auch die Bewältigungsversuche in Ihre Reflexion aufzunehmen. Die Leitfrage lautet: Wie reagiert mein Kind auf die Rolle, die wir ihm in der Familie anbieten? Wehrt es sich, rebelliert es? Akzeptiert es die Rolle, die wir ihm zuschieben, eher still und unterwürfig? Strahlt es, wenn wir z.B. von »unserer guten Hausfrau« sprechen?

Natürlich ist es völlig in Ordnung, wenn Sie am Sonntagmorgen Ihren Ältesten, der bereits am Computer sitzt und sich der Spielfreude hingibt, mit den Worten begrüßen: »Da ist ja mein Frühaufsteher!« Und Ihrer schlecht gelaunten Tochter schadet es überhaupt nicht, wenn Sie seufzend sagen: »Du bist heute eine richtige Meckerliese!«

Der Trick mit der Zeitbegrenzung.

Der Unterschied zwischen einer festen Rollenzuschreibung und dieser elterlichen Beschreibung eines Verhaltens ist die Zeitbegrenzung. Weder Oliver noch Godela werden von ihren Eltern ständig in der Rolle festgehalten, sondern sie haben diese für eine begrenzte Zeit inne: Oliver am Sonntag, Godela an diesem Nachmittag.

Rollenspiele

Praxistipps

Damit Rollen nicht zu Fesseln für Ihre Kinder werden, ist folgende Übung hilfreich. Sie schlagen für jedes Ihrer Kinder eine Seite in Ihrem Notizbuch auf und schreiben den Namen des Kindes in die Seitenmitte. Dann überlegen Sie allein oder zusammen mit Ihrem Kind, welche Rollen es manchmal innehat.

Beginnen Sie im Geiste jeden Ihrer Sätze mit: Manchmal ist Oliver einfach ein Frühaufsteher, ein Pechvogel usw. Ihre Rollenzuschreibung dient dann als Metapher, als eine Art Veranschaulichung des Verhaltens, das Sie im Augenblick an Ihrem Kind wahrnehmen.

Jedes Kind ist ein Experte: *Vom Lebensstil der Geschwister – eine Kindertypologie*

So geht es anderen

Herr und Frau Münster wollen ihren zehnjährigen Sohn Patrick beim schulpsychologischen Dienst vorstellen, weil die Lehrer sich beklagen, dass dieser sich zu wenig an die Regeln des Schullebens halte. Nie sei Patrick bereit, einfach das Vorgeschriebene zu tun. Ständig frage er nach, warum, was zu welcher Zeit von ihm gefordert würde. »Keiner kommt an ihn ran«, beklagt sich die Mutter, und der Vater beeilt sich hinzuzufügen, dass Patrick eiskalt nur das tue, was er für richtig halte. Auf meine Frage nach den schulischen Leistungen meinen beide Eltern übereinstimmend, dass Patrick problemlos auf das Gymnasium wechseln wird. Mit dem Ausruf: »Wenn wir ihn nur besser verstehen könnten!« endet dieser Teil des Gesprächs.

Wie Patricks Eltern geht es vielen anderen: All ihr Bemühen, all ihre Liebe scheint nicht auszureichen, das Kind zu verstehen. Sehen wir uns noch einen Film an.

So geht es anderen

Die Eltern der achtjährigen Ronja wünschen ein Beratungsgespräch, weil ihre Tochter so ängstlich sei und sich aus den Familienaktivitäten immer mehr zurückziehe. Ronja macht ihrem Namen wahrlich keine Ehre: Die Lehrerin ist voll des Lobes für Fleiß, für die Ordentlichkeit und Anpassungsbereitschaft ihrer Schülerin. Von »räubertöchterlichem« Draufgängertum keine Rede. Allerdings erntet Ronja für ihre Tugenden, welche

die Lehrerin so sehr lobt, in ihrer Familie wenig Zuspruch. Leuchtet hier doch Vaters Blick und glänzt Mutters Auge vornehmlich dann, wenn ihre Kinder sportliche Erfolge vorweisen. »Mutige Aktivität« ist oberster Wert im Familiensystem, und mit ihrem ängstlichen Zögern geht Ronja sowohl Eltern wie Geschwistern eher »auf die Nerven«.

Kinder wie Patrick und Ronja sind eine Art Kuckucksei – entweder zu Hause oder in der Schule oder gar in beiden Welten. Ständig erhalten sie die Botschaft: Du bist nicht richtig!, mit verheerenden Folgen für ihre Entwicklung.
Manchmal fällt es Eltern und anderen Bezugspersonen schwer, ein Kind zu verstehen und in seinem So-Sein zu würdigen. Während Etiketten wie »Eiskalter Macher« oder »Angsthase« das Kind in eine enge Schublade packen, die ihm letztlich nicht gerecht wird, vermag eine Kindertypologie die Fähigkeiten und Stärken Ihres Kindes entwicklungsförderlich zu erfassen. Wenn Sie den Typ Ihres Kindes kennen, gelingt es Ihnen einerseits, seine ganz besonderen Fähigkeiten zu würdigen, andererseits aber stellen Sie auch die passende Hilfe bereit, wenn Ihr Kind in Not gerät. Wir werden Ihnen im Folgenden einen kurzen Abriss vierer solcher Kindertypen vorstellen. Ausführlich nachlesen können Sie das Konzept in der Literatur (vgl. Kaniak-Urban: *Jedes Kind hat seine Stärken*).

Wichtig zu wissen

Kindertypen sind Lebensstile, mit denen ein Kind auf die Anforderungen und Angebote seiner Umwelt reagiert. Wie wir aus der modernen Entwicklungspsychologie wissen, könnte man sagen: Kindertypen sind genetisch vorprogrammiert. Solche Kindertypen sind immer eine Abstraktion, und der Idealtypus kommt in der Wirklichkeit kaum vor. Sie sind Wegweiser, nicht Abbilder der Wirklichkeit, eine Art Raster, das Ihnen helfen kann, die Einzigartigkeit Ihres Kindes besser zu erkennen. Gerät ein Kind in eine Krise, verstärkt es die Verhaltensweise seines Typus, um zu überleben. Es tut gleichsam noch mehr von dem, was es als Verhalten gut kann. Allerdings sind diese Verhaltensweisen dann keine Stärke mehr, sondern hindern das Kind daran, die Krise zu überwinden.

Kindertypen sind auf dem Hintergrund vieler Einzelbeobachtungen entstanden, und sie spiegeln unsere psychische Grundausstattung wider. In jedem Menschen gibt es zwei herausragende Bedürfnisse, die Psychologie spricht auch von Entwicklungsmotiven:

Die Bedeutung des dominanten Lebensbedürfnisses.

Bindung zu anderen Menschen

Das Bedürfnis nach Beziehung, nach Zugehörigkeit zu anderen Menschen, nach Bindung

Entwicklung meines individuellen Selbst

Das Bedürfnis nach Selbständigkeit, nach Autonomie und des Umsetzens des Eigenen

Diese beiden Grundbedürfnisse sind in jedem Menschen, ob Kind oder Erwachsener, unterschiedlich stark bemerkbar. Bei den vier Kindertypen stehen bei je zwei dieser Lebensstile dasselbe Bedürfnis im Vordergrund. Die Kindertypen unterscheiden sich jedoch darin, wie sie dieses dominante Bedürfnis zu befriedigen trachten.

Die Wir-Experten: Bedürfnis nach Nähe und Beziehung

Das Seelchen-Kind oder die Kunst des Anteilnehmens

Motto: Ich bin kostbar!

Das Seelchen-Kind ist ein Wir-Experte voller Einfühlungsvermögen und Intuition. Es hat ein tiefes Wissen davon, besonders zu sein. Seelchen-Kinder brauchen die Nähe zu anderen, zur Familie, zu Gleichaltrigen. Sie wollen mit ihren Bezugspersonen einfühlsam mitschwingen, sich um andere kümmern und sind sehr erfinderisch im Entwerfen persönlicher Geschenke. Kein Wunder, dass sie sich in Büchern oder Filmen bis zur Selbstaufgabe mit den Protagonisten identifizieren und zuweilen förmlich in das Selbst der anderen hineinkriechen. Traumwelten sind ihr Paradies, und ihre Sprachbegabung hilft beim Beziehungsgestalten.

Wenn es schwierig wird ...

Abgrenzung und die Entwicklung des Eigenen sind die Schwierigkeiten dieser Kinder, so dass sie in Krisenzeiten regelrecht klammern. Seelchen-Kinder reagieren dann mit starken Gefühlsausbrüchen oder erstarren auch im Ritual ihres Jammers.

Was sie dann brauchen, sind Nähe und die Möglichkeit, ihren Emotionen Ausdruck zu verleihen. Seelchen-Kindern tut es gut, weinen und jammern zu dürfen und dabei in den Armen von Vater oder Mutter liegen zu können. Aber auch aus Geschichten, in denen die Protagonisten Schwierigkeiten überwinden, schöpfen sie Mut. Solche Geschichten, in denen die Hauptfigur ein ähnliches Problem zu bewältigen hat wie Ihr Kind, können Sie auch erfinden. Sie beginnen dann so:

- Als ich so alt war wie du, da gab es in meiner Klasse ein Mädchen, das ...

- Kennst du eigentlich die Geschichte von der Annabella?
- Als Kind hab ich mal erlebt ...

Seelchen-Kinder wollen in Krisenzeiten immer wieder nach ihrem Befinden befragt werden. Durch eine einfühlsame Begleitung verhindern Sie, dass Ihr Kind in seinem Jammer erstarrt oder sich in seiner Phantasiewelt verliert. Sie werden selbst spüren, wann es an der Zeit ist, das Jammertal zu verlassen.

Das Pflicht-Kind oder die Kunst, sich nützlich zu machen

Wie das Seelchen-Kind sucht auch das Pflicht-Kind nach Nähe und Zugehörigkeit, aber es ist bemüht, diese Bindung auf andere Weise herzustellen, nämlich durch Anpassung. Pflicht-Kinder sind mit großer Anstrengung bemüht, die Normen der Erwachsenen zu erfüllen. Mit den schulischen Tugenden wie Fleiß, Disziplin, Pünktlichkeit und Ordnung haben sie keine Probleme. Die große Gefahr ist, dass ihre Bezugspersonen sie auch ausnützen. Da sie praktisch begabt und pragmatisch sind, beherrschen sie perfekt die Kunst, sich nützlich zu machen.

Motto: Ich bin nützlich!

In Notsituationen verstärken Pflicht-Kinder ihr »Bravsein«. Sie entwickeln zuweilen starre Rituale, die helfen sollen, Fehler zu vermeiden und die Angst zu besiegen. Oft verhandeln sie auch mit »dem lieben Gott« und bieten Bußübungen aller Art an. Was sie dann brauchen ist die Versicherung, dass sie ihre Sache gut machen. Sie können Ihr Pflicht-Kind in Krise aber auch in gemeinsame nützliche Tätigkeiten einbinden: Auto waschen, Fahrrad richten, Kuchen backen, basteln ... Bei solchen

Wenn es schwierig wird ...

gemeinsamen Aktivitäten tauchen viele Möglichkeiten zu Lob und Anerkennung auf. Wenn Sie allerdings erpresst werden, wozu sehr vitale Pflicht-Kinder unter Stress neigen (»Wenn du mich nicht bis um neun Uhr aufbleiben lässt, ziehe ich zum Papa!«), dann gilt es, bei Ihren Anordnungen zu bleiben. Bei Zwangshandlungen, wenn Ihr Kind z.B. keinen Fehler mehr zulässt und ständig Löcher in seine Blätter radiert, wenn es nur noch das Haus verlassen kann, nachdem es fünfmal seine Puppen aufgereiht hat etc., ist allerdings professionelle Unterstützung angesagt.

Die Ich-Experten: Bedürfnis nach Autonomie und der Umsetzung des Eigenen

Das Abenteurer-Kind oder die Kunst der sinnlichen Erfahrung

Motto: Ich bin mutig und aktiv!

Typisch für Abenteurer-Kinder ist, dass die richtige Welt für sie vor der Haustüre beginnt. Sie nehmen die Welt intensiv durch ihre Sinne wahr und sind offen für Naturerlebnisse aller Art und Action rund um die Uhr. Das Abenteurer-Kind ist der geborene Krisenmanager. Seine Erlebnisse genießt es am liebsten in der Gruppe, nicht wegen seiner starken Nähebedürftigkeit, sondern weil die Gruppe alle Erlebnisse verstärkt und gleichsam erhöht. Ganz anders als das Pflicht-Kind, dem Pünktlichkeit und das ordentliche Abschließen von Aufgaben am Herzen liegen, lebt das Abenteurer-Kind im Fluss der Zeit. Wenn Erfahrungen das Abenteurer-Kind faszinieren, verschmilzt es buchstäblich mit ihnen und ist unermüdlich in seinen Tätigkeiten. Langweiliges Üben in der Schule ist nicht seine Sache, und so bringen diese

Kinder in den Kernfächern oft nur wenig Leistung. Da sie für ein Funktionieren auf Knopfdruck nicht geschaffen sind, werden sie oft beim Schulpsychologen vorgestellt, zuweilen auch mit der Diagnose eines Aufmerksamkeits-Defizit-Syndroms verbunden mit Hyperaktivität.

In Krisenzeiten reagieren Abenteurer-Kinder mit vermehrter Impulsivität, mit Unruhe und Rastlosigkeit. Ihre Aufmerksamkeitsspanne schrumpft dann oft dramatisch. Tragisch ist, dass diese Kinder, die auf sinnlich konkrete Erfahrungen angewiesen sind, unter Stress die Fähigkeit verlieren, sowohl zu Gegenständen wie zu Personen befriedigenden Kontakt aufzunehmen. Abenteurer-Kinder brauchen in Krisen ihres Lebens erheblichen Freiraum bei klaren Grenzen. Wie man Grenzen des Verhaltens so aufzeigt, dass das Selbstbild Ihres Kindes keinen Schaden erleidet, zeigen wir Ihnen im nächsten Kapitel. Aber auch feste Gewohnheiten, Rituale, Hilfen bei der Einhaltung von Ordnung z.B. im Schulranzen und im Zimmer, Portionierung bei den ungeliebten Hausaufgaben begleitet von sportlichen Aktivitäten sind unterstützend für Abenteurer-Kinder in schwierigen Zeiten. Ein Abenteurer-Kind durch eine Lebenskrise zu begleiten, gehört mit zum Schwierigsten und Erschöpfendsten, was der Erziehungsalltag bereithält. Am wichtigsten aber ist, sich bei Gesprächen mit Lehrern und Erziehern über Ihr Kind nicht in die Schuldfalle drängen zu lassen.

Wenn es schwierig wird ...

Das Schlaukopf-Kind oder die Kunst, durch Wissen Kontrolle zu erlangen

Motto: Ich bin clever und kompetent!

Während für das Seelchen-Kind die Gefühlsfunktion oberste Priorität zur Orientierung in der Welt hat, setzt das Schlaukopf-Kind seinen Intellekt ein. Schlaukopf-

Kinder sind meist ziemlich intelligent und immer kopfgesteuert. Ihr Lebensstil gleicht dem eines Forschers. Sie sammeln Daten, weshalb sie auch ständig nachfragen, sie sind unentwegt auf der Suche nach Erklärungen und bauen darauf ihre Voraussicht, wie die Dinge ablaufen werden. Etwas nicht zu verstehen, stürzt diese Kinder in Verzweiflung und erweckt große Angst. Gefühlsbekundungen sind ihnen dagegen unangenehm, und vor zu viel Nähe, ob körperlich oder seelisch, weichen sie erschrocken zurück. Sicher fühlen sie sich mit dem Computer, der niemals unberechenbar funktioniert. Obwohl sie aufgrund der ständigen Kontrolle ihrer Gefühle zuweilen kalt wirken, haben sie meist eine sehr tief gehende Beziehung zu einem Freund oder einer Freundin. Vor Gruppenunternehmungen oder gar Mannschaftsspielen nehmen sie Reißaus.

Wenn es schwierig wird ...

Gerät das Schlaukopf-Kind in Not, ist »cool bleiben« seine oberste Devise. Von aufwühlenden Gefühlen wie Enttäuschung und Wut oder Bedürftigkeit und Rache wenden diese Kinder sich ab, und sie tun alles, um das »schlimme« Ereignis zu ignorieren. Auf diese Weise bauen sie in Krisenzeiten noch mehr als in entspannten Zeiten eine Mauer um ihre Gefühle, wodurch sie emotional zu verarmen drohen. Intensive Gefühle aber lassen sich nicht dauerhaft unterdrücken, und so können diese Kinder in Stresssituationen in den unpassendsten Augenblicken mit heftigen Emotionsausbrüchen reagieren.

In Krisen brauchen Schlaukopf-Kinder Hilfe, um Einsicht in ihre Not zu erlangen, und sie brauchen eine achtsame emotionale Begleitung, die sich nicht aufdrängt. Benennen Sie stellvertretend für Ihr Kind sein vermutetes Gefühl: »Da warst du richtig enttäuscht ... An deiner Stelle würde ich mich richtig wütend fühlen …« Erwarten Sie aber nicht, dass Ihr Schlaukopf-Kind sich dann gefühlvoll öffnet. Ein Achselzucken, vielleicht ein feuchtes Auge, auch ein Abwehren genügen. Bestehen Sie nicht auf einer Selbstoffenbarung, aber zeigen Sie, dass Sie mitfühlend da sind.

Aus dieser kurzen Vorstellung der Kindertypen wird deutlich, dass jeder dieser kindlichen Lebensstile Expertenwissen und Expertenfähigkeiten für bestimmte Lebenssituationen sein Eigen nennt. Um diese zu entwickeln, brauchen Kinder unterschiedliche Erziehungswelten. Wenn Sie mehrere Kinder haben, werden Sie täglich erfahren, wie unterschiedlich Ihre Kinder sich verhalten, obwohl sie doch bei denselben Eltern und in denselben häuslichen Verhältnissen aufwachsen. Ihren freundlich-hilfreichen Blick auf Ihre Kinder zu unterstützen, war unser Anliegen in diesem Abschnitt.

Praxistipps

Was für ein Kind waren Sie damals?

In jedem von uns lebt das Kind, das wir einmal waren. Es befolgt alte Botschaften, spürt alte Bedürfnisse und muss zuweilen von unserem Erwachsenen-Ich auch unterstützt und getröstet werden. Wir laden Sie deshalb ein zu erforschen, welches Kind Sie damals waren. Sie werden dann Ihre eigenen Kinder leichter einordnen können. Bei dieser Übung werden Sie merken, dass Ihr inneres Kind sich keinem Lebensstil eindeutig zuordnen lässt, aber Sie werden Tendenzen und Schwerpunkte entdecken. Wir bieten Ihnen eine Art Test mit verschiedenen Angeboten, aus denen Sie auswählen.

Das eigene Kinder-Ich entdecken

Welches Bedürfnis war als Kind für mich vorrangig?

❑ Die Bindung zu meinen Bezugspersonen vertiefen, mich zugehörig fühlen, Geborgenheit genießen.

❑ Mein Eigenes tun, meine Autonomie und Selbständigkeit erweitern.

Wie habe ich versucht, der Welt zu begegnen und Anforderungen zu bewältigen?

❑ Ich war ein sehr phantasievolles Kind, dem seine Traumwelt und Harmonie mit anderen wichtig war.

❑ Ich habe versucht, die Werte und Forderungen der Erwachsenen genau zu befolgen, und habe Freude gehabt, etwas für andere zu tun.

❑ Ich wollte Dinge ausprobieren, aufregende Erlebnisse haben möglichst in der Gesellschaft von anderen. Meine Welt begann vor der Haustüre. Schule war meist langweilig für mich.

❑ Ich wollte die Dinge genau verstehen. Anforderungen habe ich nur erfüllt, wenn ich deren Bedeutung auch verstanden habe. Gefühle waren mir grässlich.

Welches Motto entsprach meinem heimlichen Lebensgefühl?

❑ Ich bin kostbar und etwas Besonderes!

❑ Ich bin nützlich!

❑ Ich bin mutig und aktiv!

❑ Ich bin clever und kompetent!

Wenn ich etwas »Schweres« zu bewältigen hatte, dann habe ich ...

- ❑ meinem Schmerz freien Lauf gelassen, viel Streicheleinheiten und Trost von anderen gebraucht, mir einen Phantasiefreund, eine Phantasiefreundin erfunden und mich in Tagträumereien in eine bessere Welt geflüchtet;
- ❑ versucht, mit dem »lieben Gott« oder wichtigen Erwachsenen zu verhandeln, die Erfüllung besonderer Aufgaben angeboten, um das Unheil abzuwenden, und mich bemüht, noch »braver« zu sein;
- ❑ viel Zorn verspürt, Wutausbrüche gehabt, ich bin davongelaufen und habe oft zornig die Tür hinter mir zugeschlagen;
- ❑ das Erlebnis lange Zeit verleugnet, es vermieden, an das »Schlimme« zu denken und mich möglichst abgelenkt. Aber immer wollte ich verstehen, was da passiert ist.

Wenn Sie sich für eine der jeweils vier Vorschläge entschieden haben, dann lesen Sie noch einmal die Vorstellung der Kindertypen. Sie werden jetzt vermutlich sowohl sich selbst und im Anschluss Ihre Kinder in allen ihren Fähigkeiten und Schwierigkeiten deutlicher erkennen und verstehen.

Kapitel 3

Geschwisterstreit kompetent begegnen

Ich wollte, du wärst tot!

Im ersten Kapitel haben wir uns auf Ursachensuche bei den Auseinandersetzungen zwischen Geschwistern begeben und Ihnen auch Situationen aufgezeigt, die Sie verführen könnten, in bester Absicht diese Kämpfe anzuheizen. Nun geht es darum, Ihnen Handlungswissen zu vermitteln, wie Sie als Mediator zwischen Ihren Kindern vermitteln können. Wir wollen die inzwischen geputzten Scheinwerfer auf die Schwierigkeiten zwischen den Geschwistern richten und Ihnen Übungen anbieten, wie Sie als Klärungshelfer kompetent handeln können. Die Fähigkeiten in Einfühlung und Gesprächsführung, die Sie bereits erworben haben, werden Ihnen in diesem Kapitel gute Hilfe leisten.

Von der Dramaturgie des Streit-Theaters

So geht es anderen

Kommt Ihnen das bekannt vor? Lea und Laura streiten von morgens bis abends. »Dabei könnten sie so schön miteinander spielen!«, klagt ihre Mutter, da sie nur fast ein Jahr im Alter auseinander liegen. Stattdessen kämpfen die Mädchen bereits am Frühstückstisch um die Müsliportion und darum, wer welchen Schulweg mit der Freundin geht. Mittags flammt der Streit um den besten Hausaufgabenplatz wieder auf, anschließend will Lea unbedingt mit Lauras Freundin spielen, und am frühen Abend wird der Kampf ums Fernsehprogramm weitergefochten. »Ich bin inzwischen schon völlig daneben«, seufzt die Mutter. »Die streiten sich, bis sie ins Bett fallen!« Am Abend geht es nämlich darum, wer zuerst ins Bett muss und welcher Elternteil wen begleitet.
Zugespitzt hat sich die Situation, seit Laura in der Schule in ihren Leistungen abgesunken ist und von ihrer Mutter nachmittags Unterstützung beim Lernen braucht. Das hat Frau Trom schließlich veranlasst, beim schulpsychologischen Dienst anzurufen. Lea missgönnt der Schwester die vermehrte Aufmerksamkeit und bohrt eifersüchtig im wunden Punkt ihrer Schwester, dem Misserfolg. Lauras Selbstwert dagegen leidet nicht nur unter dem Leistungsabfall. Viel schlimmer ist, dass ihre Schwester die Hürde Schule augenscheinlich problemlos meistert.

Die Auseinandersetzungen zwischen Lea und ihrer Schwester Laura werden uns dieses Kapitel über begleiten, und wir werden an ihrem Beispiel immer wieder demonstrieren, wie ein kompetenter Umgang mit dem Geschwisterstreit gelingen kann.

Wichtig zu wissen

Es gibt kaum Geschwister, die nicht gelegentlich miteinander streiten, konkurrieren oder aufeinander eifersüchtig sind. Atmen Sie also beruhigt auf in dem Bewusstsein: Es ist völlig in Ordnung, wenn meine Kinder sich streiten. Wie wir gehört haben, beruht der Kampf auf dem Wunsch, die Gunst der Eltern für sich zu erringen, und der Angst, im Familienverband nicht an den Rand gedrängt zu werden. Meist unbewusst sind folgende bange Fragen der Motor für das Geschehen:

Wer kann die Erwartungen der Eltern am besten erfüllen?

Wer wird ihren Anforderungen gerechter?

Wer wird mehr geliebt?

Wer besetzt den größten Raum in Mamas und Papas Herzen?

Erinnern Sie sich: Besonders heftig rivalisieren Geschwister, wenn sie gleichen Geschlechts sind und der Altersabstand gering.
Streit und Konkurrenz unter Geschwistern ist natürlich und für die weitere Persönlichkeitsentwicklung durchaus förderlich, solange die Rivalität der Kinder nicht in permanentem Hass und Demütigung endet. Im Geschwisterstreit spüren die Kinder ihre Grenzen, sie lernen, sich Gleichaltrigen gegenüber zu behaupten, und fühlen, wie weh Verletzungen tun können. Idealerweise erfahren Geschwister, dass es angenehmer ist, Kompromisse zu schließen, gemeinsam Lösungen für

Probleme zu finden, und dass jeder für sich gesehen wertvoll und besonders ist. Wenn das nicht gelingt, besteht die Gefahr, dass ein Kind sich zum Sündenbock oder zum Problemfall der Familie entwickelt. Dieses Kind erfüllt die Erwartungen der Eltern nicht, scheitert ständig im Konkurrenzkampf mit dem oder den Geschwister/n und hat wenig Chance, ein positives Selbstgefühl aufzubauen. Es erfährt sich täglich als nicht der Liebe wert und unfähig, den Teufelskreis aus Misserfolg, Angst und mangelndem Zutrauen zu sich selbst zu durchbrechen.
Eltern tragen in ihrem Verhalten und Erziehungsstil, in ihren Erwartungen und Wertvorstellungen dazu bei, ob Geschwister ihre Rivalitäten so austragen, dass sie in ihrer Persönlichkeitsentwicklung davon profitieren oder dass ihr Selbst in seiner Entwicklung stagniert.

Wir möchten nun typische Streitsituationen analysieren, über hilfreiches und ungünstiges Elternverhalten reflektieren und Ihnen konkrete Hilfestellungen vorstellen.

Werden Sie Streit-Detektiv

Praxis-tipps

Zunächst einmal geht es darum, eine Lupe zur Hand zu nehmen und eine Streitsituation genau zu betrachten. Wir möchten Sie zu scharfer Beobachtung anleiten. Wählen Sie in den nächsten Tagen drei sich häufig wiederholende Streitsituationen aus und analysieren Sie diese nach dem folgenden Schema. Wählen Sie für jede Situation eine neue Seite in Ihrem Notizheft. Da Sie als Mutter oder Vater selbst emotional sehr betroffen sind, möchten wir Ihnen empfehlen, sich vorzustellen, der Kampf Ihrer Kinder ereigne sich auf einer Bühne und Sie sind Zuschauer. Sie nehmen freundlich und vielleicht auch betroffen Anteil am Geschehen, aber Sie spielen nicht mit.

Wie der Streit in Gang kommt

- Notieren Sie alle Auslöser für die Streitsituationen.

Die Leitfrage ist: Wodurch kommt der Streit in Gang?

- Gibt es Auslöser, die häufiger vorkommen oder einander ähneln?

Beispiel

Lea und Laura setzen sich gemeinsam an den Küchentisch, um Hausaufgaben zu machen. Lea spricht über ihre Schulnoten.

Das »Davor« und »Danach« untersuchen

Nun wird jeder der Streitauslöser für die drei Situationen genauer untersucht.

- Was ereignete sich kurz zuvor?

Beispiel

Lea und Laura sitzen zusammen am Tisch. Lea verkündet laut, dass sie im Diktat wieder einmal eine Eins geschrieben hat. Sie lacht und sagt zu Laura: »Du wirst das wohl nie im Leben schaffen!«

- Welchen Verlauf nimmt der Streit? Protokollieren Sie nun den Hergang des Streites.

Beispiel

Laura schaut Lea an und beschimpft sie mit »Blöde Kuh!« Lea kontert: »Du bist ja nur neidisch, weil du so eine Niete in der Schule bist!« Laura beginnt zu weinen und läuft aus dem Zimmer.

Gewinner und Verlierer finden

Ein Konflikt zwischen zwei Menschen endet in der Regel auf drei unterschiedliche Arten:

Möglichkeit ①
Beide Kontrahenten gehen als Verlierer aus dem Streit.
Keiner der beiden Streitpartner hat sein Ziel erreicht.
Beide fühlen sich verletzt und sind weiterhin zerstritten.

Möglichkeit ②
Es gibt einen Verlierer und einen Sieger.
Einer hat den Streit gewonnen und erreicht, was er wollte. Der Verlierer ist gekränkt und gedemütigt und sinnt häufig auf Rache.

Möglichkeit ③
Es gibt zwei Gewinner.
Das ist der ideale Streitausgang – die so genannte win-win-Situation. Beide Streitenden haben sich geeinigt und gemeinsam eine Lösung gefunden. Beide fühlen sich gut und sind zufrieden mit dem Ausgang.

Idealer Ausgang: die Win-Win-Situation.

Versuchen Sie nun, den Streit zwischen Ihren Kindern unter diesen Aspekten zu betrachten. Dazu können folgende Fragen anleiten:

- Wer ist Sieger? Was hat der Sieger erreicht?
- Auf welche Weise und mit welchen Mitteln hat der Sieger sein Ziel erreicht?
- Wie verhält sich der Verlierer? Wie geht es ihm vermutlich?
- Falls der Streit mit zwei Verlierern ausgeht: Wie verhalten sich beide?

Wie beeinflusse ich als Mutter/Vater den Streit?

Wir fassen nun das Wissen zusammen, das Sie bereits in den beiden ersten Kapiteln erworben haben. Sinnvolle Fragen können sein:

- Welche meiner Erwartungshaltungen als Mutter/Vater könnte hinter dem Konflikt stehen?
- Welche meiner Einstellungen befördert vielleicht den Konflikt?

Beispiel Meine Leistungserwartung an die Kinder – meine Sorgen über die schwachen Leistungen eines Kindes – meine Freude, dass ich wenigstens ein »gutes Kind« in der Schule habe – meine Angst, die Kinder könnten ohne gutes Zeugnis später einmal das Leben nicht meistern ...

- Welche Botschaften aus meiner Herkunftsfamilie, welche Rollenzuschreibung innerhalb des Familiensystems gießt Öl ins Feuer?

Beispiel Laura, ganz der Opa, der konnte auch nie Rechtschreiben! Heute noch machen wir uns über seine Fehler lustig. – Lea ist einfach unsere Schlaue! Laura ist halt das Dummchen! – Es wird mit meinen Töchtern so werden wie mit mir und meiner Schwester: Später werden sie einander nur noch hassen!

Die genaue Beobachtung von Auslösern eines Streites sowie dessen Verlauf ist wichtig, weil Sie dadurch manche Situation schon im Vorfeld entschärfen können. Laura und Lea zum Beispiel sollten ihre Hausaufgaben nicht an einem Tisch, sondern in getrennten Zimmern machen. Für das freudige Mitteilen guter Noten gilt ein Ritual, das wir Ihnen bereits vorgestellt haben (nur unter vier Augen), und wenn eine Freundin zum Spielen kommt, muss dem anderen Kind etwas Attraktives angeboten werden, wenn zu erwarten ist, dass die beiden Freundinnen allein sein wollen. Die Beobachtung des Verlaufs des Streites gibt nicht nur Hinweise auf weitere Auslöser, sondern auch für das Streitmanagement, das wir Ihnen im Folgenden vorstellen.

Wann und wie müssen Eltern die Regie übernehmen?

Wie Eltern rivalisierende Geschwisterbeziehungen positiv fördern können

So geht es anderen

»Was tun Sie, wenn Laura und Lea sich streiten?«, frage ich Frau Trom. »Ich bin leider sehr ungeduldig und bekomme oft einen Schreianfall«, meint die Mutter beschämt. »Meist sage ich dann wütend, sie sollen jede in ihr Zimmer verschwinden.« Häufig zieht sich Frau Trom aber auch selbst händeringend vom Ort des Geschehens zurück: »Sie sollen doch ihren Streit selbst lösen!« Die Folge ist, dass beide Mädchen dann sich beschwerend und einander beschuldigend an die Tür des Zimmers hämmern, in das die verzweifelte Mutter sich zurückgezogen hat. Oft versucht die Mutter auch, das angegriffene Kind zu schützen, und ermahnt Lea empört, doch ihre Schwester nicht mit so viel Boshaftigkeit zu behandeln. »Ich weiß einfach nicht, was richtig ist! Ich bin schon ganz durcheinander!«, beendet Frau Trom diese Gesprächssequenz.

Wichtig zu wissen

Rivalität und Streit zwischen Geschwistern gehen selten ausschließlich von einem Kind aus. Deshalb ist eine Lösung des Problems auch nur zwischen beiden Kindern möglich. Im Idealfall regeln die beiden Streithähne den Konflikt untereinander und finden einen Kompromiss. So gehen aus dem Streit zwei Gewinner hervor, denn beide Kinder sind mit der Lösung zufrieden und haben auch noch etwas Entscheidendes gelernt, nämlich einen

Mittelweg zu finden und trotz Meinungsverschiedenheiten aufeinander Rücksicht zu nehmen. Wenn Eltern sehr unter dem Geschwisterkampf leiden, hat das häufig mit ihrer eigenen Angst vor Streit und verletzenden Auseinandersetzungen zu tun. Das eigene Harmoniebedürfnis wird angegriffen, und die Eltern fühlen sich hilflos und als Versager. Vor allem die Schadenfreude unter den Geschwistern, wenn der Konkurrent endlich »am Boden liegt«, ist eine Emotion, die viele Erwachsene schwer ertragen.

Wenn sich ein Kind unangemessen verhält, hat es meistens Gründe dafür. Kein Kind ist von Natur aus »böse«. Häufig stecken Sehnsüchte und unerfüllte Bedürfnisse wie der Schutz des eigenen verletzten Selbstwerts oder der Wunsch nach Aufmerksamkeit dahinter, wie wir im ersten Kapitel besprochen haben. Wenn Lea der bereits fernsehenden Schwester die Fernbedienung entreißt und auf ihre Wunschsendung umschaltet mit den höhnischen Worten: »Üb du lieber mal Rechtschreiben und Lesen, sonst wirst du nie besser!«, dann könnten folgende Gründe hinter dieser beabsichtigten Verletzung stecken:

- Lea hat gelernt, dass sie ihren Willen besonders gut durchsetzen kann, wenn sie die wunde Stelle im Herzen ihrer Schwester anspricht.
- Lea baut ihr eigenes Selbstwertgefühl auf, indem sie die Schwester kleiner und weniger wertvoll macht.
- Lea ist eifersüchtig auf ihre Schwester, weil die Mutter sich in letzter Zeit so intensiv um diese kümmert.

Mit ihren Verhaltensweisen entlastet Lea sich kurzfristig, sie gerät aber in einen Teufelskreis im Kampf um die Anerkennung von ihrer Mutter, der sich immer schneller dreht. Ihre verzweifelte Mutter schürt unbewusst den Konflikt und weist Lea keinen sinnvollen Ausweg.

Leas Teufelskreis der Anerkennung

① Die Mama kümmert sich nur noch um die Laura! Und was ist mit mir?

Lea äußert sich hämisch über Lauras Noten.

② Ich bin überhaupt nicht mehr da! Die hat mich einfach vergessen!

Die Mutter ergreift Partei für Laura und schützt sie.

③ Ich sterbe vor Eifersucht! Die mach ich klein!

Lea steigert sich in ihre Wut hinein.

④ Jetzt schreit mich die Mama wenigstens an. Ganz gleichgültig bin ich ihr noch nicht.

Die Mutter weist Lea empört zurecht.

Der Teufelskreis zeigt deutlich, wie Frau Trom Leas Rivalität fördert, und es ist zu vermuten, dass sich die Beziehung zwischen Lea und ihrer Mutter allmählich verschlechtert. Frau Trom wird vermutlich immer gereizter Lea gegenüber, und Lea erhält immer weniger gute Aufmerksamkeit. Lea lernt mit der Zeit: Aufmerksamkeit muss ich mir erkämpfen. Ich muss mich »nur« unangemessen meiner Schwester gegenüber verhalten, dann beschäftigen sich meine Eltern wieder mit mir. Ein gefährlicher Teufelskreis hat begonnen, der immer mehr Sauerstoff für das Feuer des Geschwisterkampfes liefert. Durch solche einander verstärkenden Verhaltensweisen eskalieren Geschwisterrivalitäten zuweilen derart, dass ein Eingreifen der erwachsenen Bezugspersonen nötig wird. Wie das auch in der Politik vorkommt, sind beide Parteien so zerstritten, dass sie nicht mehr fähig sind, den Konflikt allein zu bewältigen. Wie die Großen brauchen auch die Kleinen dann einen Moderator. Entscheidend für ein sinnvolles Eingreifen der Eltern ist, dass diese nicht den Streit vom hohen Stuhl aus als Schiedsrichter regeln, sondern dass sie versuchen, jedes Kind in seinem inneren Kosmos zu verstehen und beide Kinder in die Konfliktlösung einzubeziehen. Dabei spielt der richtige Zeitpunkt des Eingreifens eine bedeutende Rolle. Wenn die Kinder wieder einmal so richtig ineinander »verknäult« sind, dann hilft es wenig, wenn Eltern auch noch lautstark und parteiergreifend in den Streit einsteigen.

Eltern sollten Vermittler sein, nicht Schiedsrichter.

Versuchen Sie daher zunächst möglichst ruhig den Verlauf der Auseinandersetzung unter den oben besprochenen Gesichtspunkten zu beobachten. Die folgenden Übungen zur Selbstberuhigung können dabei helfen. Der Weg nach draußen aber wird dann begehbar, wenn Sie trainieren, wie Sie Ihren Kindern Grenzen setzen können, ohne dass deren Selbstwert Schaden erleidet, und wie Sie schließlich ein Konfliktgespräch mit den Kontrahenten führen.

Lassen Sie uns zusammenfassen: Unbestritten ist, dass jedes Geschwister Anspruch auf Schutz durch seine Eltern hat. Außerdem wird es zu Hause immer wieder Konflikte geben, in denen ein rasches Eingreifen der Eltern notwendig wird, um zu verhindern, dass jemand

Täter-Opfer-Reaktion

verletzt oder Dinge zerstört werden. Idealerweise versuchen die Eltern als neutrale Vermittler zwischen den beiden Parteien aufzutreten. Wenn Sie wirklich Partei ergreifen müssen, um den Schutz eines Ihrer Kinder zu gewährleisten, dann ist ein solches Verhalten nur förderlich, wenn nicht immer dasselbe Kind in den Genuss Ihrer Hilfe kommt.

Mich selbst beruhigen

Praxistipps

Neigen Sie selbst zu impulsiven Reaktionen, dann sollten Sie sich Strategien überlegen, die Ihnen helfen, ruhiger und gelassener auf den Streit zwischen Ihren Kindern zu reagieren. Hier einige Vorschläge:

- Zählen Sie rückwärts von fünf bis null. Atmen Sie dabei bei jeder Zahl langsam ein und wieder aus.
- Visualisieren Sie ein großes Stoppschild und sagen Sie leise »Stopp« zu sich selbst. Sie können dem Stopp noch eine Affirmation folgen lassen, die Ihnen eine Handlungsanweisung transportiert: »Ich bleibe ruhig und gelassen!«
- Manchen Eltern hilft auch, wenn sie die Streitszene vor ihrem inneren Auge kleiner werden lassen: »Ich drehe den Operngucker um!«

Schreiben Sie nun in Ihr Notizheft, welche der vorgeschlagenen oder welche eigene Möglichkeit Sie ausprobieren wollen.

Wertschätzend Grenzen setzen – der pädagogische Zweischritt

Leas Verhalten ist ein Hilfeschrei. Sie leidet genauso unter der belastenden schulischen Situation wie ihre Schwester und der Rest der Familie. Wichtig ist, dass die Eltern auch Lea in ihren Bedürfnissen wahrnehmen und respektieren, ihr gleichzeitig aber auch klare Grenzen setzen und ihr Verhalten gegenüber Laura nicht dulden. In der psychologischen Literatur zum Thema Kinder brauchen Grenzen geht es meist darum, die Aufmerksamkeit der Kinder zu gewinnen und deutlich die Grenze zu benennen. Das verletzende Kind wird zum Beispiel angefasst, es wird ernst angesehen und bekommt gesagt: »Ich dulde nicht, dass du die Laura so verletzt!« Durch ein solches Erzieherverhalten erhält das Kind eine klare Orientierung. Es weiß nun, welches Verhalten geduldet wird und welches nicht.
Dieses Vorgehen ist durchaus richtig, jedoch wird Lea sich wenig verstanden und angenommen fühlen, wenn es nur dabei bleibt.
Nach einem Vorspiel beginnen wir unsere Sequenz deshalb mit der Einfühlung in Leas Situation und nennen anschließend die Grenze. Jedes pädagogische Eingreifen sollte nach diesem Zweischritt vor sich gehen. Der erste Schritt wird Ihnen bekannt vorkommen, wir haben ihn im ersten Kapitel als »Brückenbau zum Herzen Ihres Kindes« bereits vorgestellt.

Natürlich können Sie zum Beispiel bei einer Schlägerei auch zuerst die Kinder trennen, dann ihre Aufmerksamkeit gewinnen und sich anschließend einfühlen: »Ihr habt eine Mordswut aufeinander!« Wichtig ist, dass Sie nicht zuerst das Opfer trösten und den Täter/die Täte-

Der pädagogische Zweischritt am Beispiel von Lea:

		Beispiel
Vorspiel *Aufmerksamkeit gewinnen*	Frau Trom versichert sich der Aufmerksamkeit von Lea.	*Lea wird angefasst, die Mutter schaut ihr in die Augen.*
Erster Schritt *Einfühlung*	Lea muss in ihren Gedanken, Gefühlen und möglicherweise auch in ihrer Absicht ernst genommen werden.	*Mutter: Ich stell mir vor, dass du zur Zeit das Gefühl hast, alles dreht sich nur noch um deine Schwester!*
Zweiter Schritt *Norm benennen*	Lea wird eine klare Grenze aufgezeigt und die pädagogische Norm wird benannt.	*Mutter: Ich erlaube nicht, dass du so mit Laura umgehst! Wir wollen uns nicht verletzen!*
Nachspiel *Konsequenz aufzeigen*	Lea werden die Konsequenzen ihres Verhaltens gesagt.	*Mutter: Wenn du Laura noch einmal so kränkst, dann darfst du heute nicht mehr fernsehen.*

rin beschimpfend abwehren, sondern Sie sich zuerst dem Angreifer/der Angreiferin zuwenden. Diese/r lernt:

- Alles, was ich fühle und denke, ist in Ordnung.
- Ich darf nicht handeln, wie ich will.

Auf diese Weise bleibt das Kind in seinem Selbstwert unverletzt. Nur seine Handlung, nicht seine Persönlichkeit unterliegt meinem Urteil als Vater oder Mutter. In der Psychologie sprechen wir deshalb auch vom »wertschätzenden Grenzensetzen«.

Der pädagogische Zweischritt

Vorausschauend ausprobieren

Praxistipps

Stellen Sie sich eine typische Streitsituation Ihrer Kinder vor, in der Sie meinen, eingreifen zu müssen. Versuchen Sie jetzt, einem der Kinder oder beiden wertschätzend Grenzen zu setzen, indem Sie dem Ablaufschema folgen. Schreiben Sie Ihre Worte der Einfühlung und die Benennung der Regel auf, und formulieren Sie die Konsequenz bei Nichteinhalten der Norm. Erst muss im Trockenkurs geübt sein, was sich dann in der Realität bewähren soll.

Konsequent sein

Zum Schluss noch ein Wort zu den leidigen Konsequenzen. In der Erziehungsberatung klagen vor allem Mütter immer wieder: »Ich bin einfach nicht konsequent genug!«, und sie blicken dann meist schuldbewusst zu Boden, als hätten sie nachhaltig versagt. Aber der Situation angemessen konsequent zu handeln, ist im Erziehungsalltag gar nicht so leicht. In der Hektik der täglichen Aufgaben vergessen wir einfach, was wir angekündigt haben, oder es fallen uns plötzlich eine Menge Situationen ein, wo wir unsere Kinder zu hart bestraft haben, und wir haben Sorge, die Beziehung zwischen uns und unseren Kindern zu schädigen, oder aber ich weiß als Mutter oder Vater einfach nicht, welche negative Folge für eine Normübertretung ich wählen soll.
Zu dem letzten Hindernis einige Vorschläge:
Am sinnvollsten ist es, die Konsequenz als logische Folge aus dem Tun des Kindes abzuleiten.

- Wer nicht aufräumt, kann das Haus nicht verlassen. Lustvolle Aktivitäten wie das Eishockeytraining müssen entfallen.

- Wer den Fernsehapparat zu einer verabredeten Zeit nicht für das Geschwister freigibt, für den entfällt das Fernsehen am nächsten Tag.
- Wer dem Bruder Geld klaut, muss dieses (in Raten) zurückzahlen.

Doch nicht immer sind solche klassischen Konsequenzen möglich. Wer abends immer zu spät nach Hause kommt, für den kann zwar das Abendessen entfallen, aber es darf nicht die Wohnungstür für ihn verschlossen bleiben. Wer sich weigert, seine Hausaufgaben zu machen, für den können zwar lustvolle Aktivitäten entfallen, aber viele Lehrer und Lehrerinnen haben nicht die Zeit, das Kind in der Schule nacharbeiten zu lassen, was sich als natürliche Folge anbietet. Wer ständig seine Schwester schlägt, darf von dieser oder von seinen Eltern nicht genauso behandelt werden. Hier müssen Folgen gewählt werden, die allgemein für das Kind schmerzhaft sind. Für alle Konsequenzen aber gilt:

Konsequenzen müssen
- in ihrer Schmerzhaftigkeit oder Härte in einem klaren Verhältnis zum Vergehen stehen;
- konkrete Handlungen beinhalten;
- verlässlich umgesetzt werden.

Angst auslösend für Kinder ist, wenn Konsequenzen undeutlich und »nebulös« als Drohung im Raum stehen: »Du kannst heute noch was erleben!« »Wart' nur, bis der Papa nach Hause kommt!« »Du wirst schon sehen, was passiert.«
Aber auch der ausgesprochene oder unausgesprochen angedrohte Liebesentzug schürt existenzielle Ängste:

»Wenn du ständig deine kleine Schwester ärgerst, kann ich dich nicht mehr lieb haben!« »Wie soll ich dich da noch lieb haben, wenn du ständig ...!«

Bitte nie mit Liebesentzug drohen.

Mit der Grenzsetzung, wie wir Sie Ihnen vorgestellt haben, ist zwar dem verletzenden Verhalten Einhalt geboten, der Konflikt ist für beide Kinder aber noch nicht gelöst. Bei stark rivalisierenden Geschwistern ist es notwendig, eingehende Gespräche zu führen, um versteckte Gedanken, Gefühle und Absichten zu erfahren. Außerdem können die Kinder auf diese Weise lernen, Konflikte sinnvoll miteinander auszutragen und gemeinsam zu lösen.

Ein Konfliktgespräch mit zwei Streithähnen führen und einen Kompromiss finden

Ein Konfliktgespräch kann am Familientisch stattfinden, Sie können aber auch die beiden Streithähne einander gegenübersetzen. Konfliktgespräche sollten möglichst bald nach einer Streitsituation geführt werden, aber nicht, wenn beide Kinder noch von ihren Emotionen überflutet sind. Es kann auch sinnvoll sein, erst eine Nacht darüber zu schlafen, vor allem, wenn Sie selbst noch sehr aufgeregt sind. Es geht dabei nicht darum, die objektive Wahrheit zu entdecken und den »Schuldigen« zu finden, der dann seiner »gerechten« Strafe zugeführt wird. Vielmehr geht es darum, die Perspektive des anderen zu verstehen, die »gemeinsame Wahrheit« zu finden, aus der dann der Kompromiss erwächst. Sie als Vater oder Mutter haben die Rolle des Moderators. Sie erteilen das Wort, fassen den Inhalt zusammen und vergewissern sich, ob Sie richtig verstanden haben, und Sie

Nicht Stellung beziehen, kein Urteil fällen.

machen Vorschläge zur Lösung. Auf keinen Fall nehmen Sie Stellung und fällen ein Urteil.
Brauchen Kinder nicht eine klare Orientierung durch Richterspruch, damit sie wissen, was richtig und was falsch ist?, werden Sie sich vielleicht fragen. Lassen Sie uns, bevor Sie sich schlau machen, wie Sie als Klärungshelfer auftreten, ein wenig über die Macht von Urteilen nachdenken. Jedes Urteil lässt das eine Geschwister im Glanz elterlicher Liebe erstrahlen und stößt das andere aus der Gemeinschaft aus. Um im Familienverband zu überleben, wird das ausgestoßene Kind, zumindest wenn es vital genug ist, offen oder verdeckt neuen Streit beginnen. Wenn es eher scheu und introvertiert ist, wird es sich schuldig fühlen und die Aggression gegen sich selbst kehren mit verheerenden Auswirkungen auf seine Persönlichkeitsentwicklung. Geschwister, die wiederholt verurteilt werden, reagieren oft mit einer weiten Palette kindlicher Verstörungen: Nägelkauen, Haare ausreißen, ins Bett machen, Tics ... Bevor Sie in die Rolle des »ehrlichen Maklers« schlüpfen, machen Sie sich klar, dass es zunächst einmal nur darum geht zu verstehen, wie jedes Ihrer Kinder sich vor, während und nach dem Streit fühlt.

Zu Beginn sollten die folgenden Gesprächsregeln vereinbart werden:

- Jeder darf seine Version des Streits und dessen Ursachen berichten.
- Keiner unterbricht den anderen, jeder darf in Ruhe ausreden.
- Schimpfwörter sind tabu.

Wenn die Gesprächsregeln nicht eingehalten werden, setzen Sie wertschätzend Grenzen: »Es fällt dir schwer,

Ein konstruktives Konfliktgespräch führen

ruhig zu bleiben. (Vielleicht mögen Sie seufzen.) Trotzdem darf jetzt erst einmal deine Schwester reden und du musst zuhören. Nachher kommst du an die Reihe.«

Die Phasen des Konfliktgesprächs

Phase ①

Wer beginnt?

Die Kinder entscheiden, wer beginnen darf. Wenn es zu keiner Einigung kommt, entscheidet das Los. In unserem Fall darf Lea beginnen.

Phase ②

Wir schauen durch Leas und dann durch Lauras Brille. Durch jede Brille sieht die Welt anders aus.

Der Eltern-Moderator erteilt zuerst Lea das Wort.

Beispiel

Lea hat nun grünes Licht und erzählt ihre Version. Laura hat rotes Licht, und der Eltern-Moderator bestätigt immer wieder, wie schwer die Anschuldigungen von Lea auszuhalten sind. Er lobt, wenn Laura die Gesprächsregeln einhält.

Der Eltern-Moderator fasst Leas Aussagen zusammen.

Beispiel

»Du fühlst dich richtig zurückgesetzt ... Du bekommst eine Wut ... Du findest, alle beschäftigen sich nur noch mit Laura ...«

Er vergewissert sich bei Lea, ob er ihre Version richtig wiedergegeben hat, und ermöglicht Lea auch, eine Aussage richtig zu stellen oder eine neue hinzuzufügen.

Der Eltern-Moderator erteilt Laura das Wort.

Nun hat Laura grünes Licht und der Moderator verhält sich wie bei Lea.

Der Eltern-Moderator fasst anschließend beide Versionen zusammen.
Wenn ich als Kind die Sicht meines Kontrahenten aus dem Mund eines Erwachsenen vernehme, dann kann ich besser zuhören als bei meinem Gegner.

Phase ③
Wünsche artikulieren und Lösungen finden
Der Eltern-Moderator fragt nun, was beide Kinder sich voneinander wünschen und welche Lösungen sie vorschlagen.
Dabei ist schon der Wunsch akzeptabel, einander heute aus dem Weg zu gehen. Eine Lösung wird vereinbart, beide Geschwister müssen die Lösung als fair empfinden. Und es muss ein Termin vereinbart werden, an dem die Wirkung des Kompromisses als Thema im Mittelpunkt steht.

Die Kinder finden die Lösung.

Bedenken Sie beim Handeln immer: In der Erziehung geht es nicht in erster Linie um Dressur, sondern darum, dass Sie Rahmenbedingungen schaffen, in denen das individuelle Selbst Ihrer Kinder sich entfalten kann.

Von der Giraffen- und der Wolfssprache

Gesprächsregeln einzuhalten ist in emotional beladenen und konfliktreichen Situationen äußerst schwer. Gesprächsregeln sind jedoch dringend erforderlich, um Streitsituationen aus verschiedenen Perspektiven bewusst wahrnehmen zu können. Als Moderator muss ich aus diesem Grund für klare Strukturen sorgen: rotes und grünes Licht, Zusammenfassungen des Geäußerten, striktes Achten auf die Einhaltung von Gesprächsregeln etc. Perspektivenwechsel ermöglicht erst, die Gefühle des anderen zu verstehen, achtsam miteinander umzugehen und sich auf Kompromisse einzulassen. Wie wir miteinander sprechen, kann das Konfliktmanagement wesentlich beeinflussen. Wir möchten Ihnen nun eine pädagogische Möglichkeit zeigen, Kinder in ihrem Sprechverhalten zu unterstützen. Kinder im Vorschulalter allerdings sind mit einem solchen Training überfordert, weil sie noch in einem egozentrischen Weltbild leben und alles, was geschieht, auf sich beziehen. Sie fühlen sich z.B. schuldig für Geschehnisse, an denen sie nicht beteiligt sind und für die sie auch keine Verantwortung übernehmen können. So meinte ein Sechsjähriger in der Beratung, der Papa habe die Familie verlassen, weil er sein Zimmer nicht aufgeräumt habe. Giraffen- und Wolfssprache mit Kindern zu üben, ist erst geeignet, wenn Ihre Kinder mindestens sieben Jahre alt sind.

Das Prinzip der Gewaltfreien Kommunikation.

Die Giraffen- und Wolfssprache stammt aus dem Prinzip der »Gewaltfreien Kommunikation«, die Marshall Rosenberg vor dem Hintergrund des personzentrierten Ansatzes von Carl Rogers entwickelt hat (siehe auch Literaturliste im Anhang). Ziel ist, den Kindern spielerisch beizubringen, einen bewussten Perspektivenwechsel zu vollziehen. Sie sollen erfahren, wie sie ihre Gefühle und Anliegen ausdrücken können, ohne den anderen zu verletzen, ihm zu drohen oder ihn zu verurteilen. Außerdem sollen sie dabei lernen, den anderen so zu verstehen, dass sie unausgesprochene Gefühle und Bedürfnisse hinter dessen aggressiven und feindseligen Äußerungen wahrnehmen können. (Wer Erfahrung mit der »Gewaltfreien Kommunikation« hat, wird gemerkt haben, dass auch schon in den vorherigen Kapiteln einiges dieser wunderbaren Methode in dieses Buch eingeflossen ist.)

Was kennzeichnet die Wolfssprache?

Der Wolf steht für alles, was zwischenmenschliche Kommunikation erschwert. Ein Wolf versucht, seine wirklichen Gefühle zu verstecken, und versucht auch im Zorn, seine Emotionen zu kontrollieren. Mal ist er äußerst höflich, dann wieder sehr verletzend und aggressiv. Er macht es seinem Gegenüber fast unmöglich, ihn in seinem Gefühlsleben und seinem Handeln zu verstehen. Folgende Merkmale sind charakteristisch für seine Sprache:

- Die Wolfssprache be- und verurteilt. Wer in der Wolfssprache spricht, klassifiziert Menschen aufgrund ihres Verhaltens. Er urteilt darüber, was gut und böse, richtig oder falsch, normal oder unnormal ist.
- Schuldzuweisungen sind typisch für die Wolfssprache. Gerne verweist der Wolf auch auf allgemeine Regeln, Gesetze und Vorschriften und gibt so seinen Worten Gewicht.
- Strafe und Belohnung sind wichtig. Wölfe brauchen klare Regeln, um sich sicher zu fühlen. Zu viel Verständnis, Einfühlung und unkonventionelle Lösungen versetzen sie in Angst und Schrecken.

Was kennzeichnet die Giraffensprache?

Eine Giraffe steht schon aufgrund ihrer Körpergröße über den Dingen. Ihr langer Hals ermöglicht ihr, die Welt aus einer anderen Perspektive zu sehen, und sie hat ein »großes Herz«. Die Giraffensprache steht für alles, was Kommunikation zwischen den Menschen erleichtert. Sie ist geprägt von einem achtsamen Umgang miteinander und viel Verständnis und Einfühlungsvermögen. Folgende Merkmale kennzeichnen die Giraffensprache:

Giraffen- und Wolfssprache

Wolfssprache

Giraffensprache

- Eine Giraffe zeigt ihre Gefühle und teilt diese ihrem Gegenüber mit. Sie kann ihre Bedürfnisse und Wünsche klar äußern und traut sich auch, diese deutlich auszusprechen.
- Deshalb kann ihre Sprache auch als sehr ehrlich bezeichnet werden. Der andere weiß, was eine Giraffe denkt und fühlt, er muss sich nicht mehr bedroht fühlen und sich angstvoll-aggressiv verteidigen.
- Eine Giraffe sieht die Vielfalt der Handlungsmöglichkeiten. Sie erkennt, dass jeder Mensch selbstverantwortlich handelt und in seinen Entscheidungen frei ist.

In der zwischenmenschlichen Kommunikation finden sich, unterschiedlich ausgeprägt, Anteile der Giraffen- und Wolfssprache. Ihre Kinder sollen beide Arten des Umgangs miteinander kennen und verstehen. Erst dann können sie lernen, in schwierigen Situationen angemessen miteinander umzugehen. Einführen können Sie die Wolfs- und Giraffensprache am besten mit einer Geschichte und dem anschließenden Vergleich zwischen Tieren und Menschen. Sie finden eine solche Geschichte am Ende des Kapitels ab S. 143. Nach dem Vorlesen der Geschichte klären Sie mit Ihren Kindern den Unterschied zwischen Wolfs- und Giraffensprache und finden eigene Beispiele. Sinnvoll ist es, mit einer erfundenen Streitsituation einzusteigen und gemeinsam mit den Geschwistern zu überlegen, was der Wolf oder die Giraffe in diesem Streit sagen würde. Sie können den Streit auch im Rollenspiel oder mit Handpuppen nachspielen.
Wir möchten Ihnen die Unterschiede noch einmal am Beispiel von Lea und Laura deutlich machen, die Ihnen beide inzwischen vertraut sind.

Giraffensprache	*Wolfssprache*
Ich sage dem anderen, was mich stört, ohne ihn zu beleidigen. Mich stört, dass du so oft bestimmst, welche Sendung wir im Fernsehen ansehen!	**Ich tue dem anderen mit meinen Worten weh und rede voller Wut. Ich suche Streit.** Lern lieber mal Rechtschreiben, anstatt immer fernzusehen. Du bist ja eh so schlecht in der Schule!
Ich sage, was ich fühle. Ich bin neidisch, wenn Mama so viel Zeit für dich hat.	**Ich lasse dem anderen mit meinen Worten keine Wahl und drohe ihm.** Wenn du nicht auf meine Lieblingssendung umschaltest, dann sag ich der Mama, dass du schon wieder eine Sechs im Diktat hast!
Ich sage deutlich, was ich mir wünsche. Ich wünsche mir, dass Mama mehr Zeit mit mir allein verbringt.	**Ich sage etwas Schlechtes über den anderen.** Meine Schwester ist eine totale Niete in der Schule. Die ist einfach zu blöd!

Ein weiteres Beispiel

Konflikt: Der Bruder spielt mit dem Gameboy, die Schwester möchte auch gerne damit spielen.

Du, darf ich später auch mal damit spielen? – Das neue Spiel find ich echt toll! – Wie lange willst du denn noch damit spielen? Ich würd' ihn auch so gern mal haben! Sagst du es mir, wenn du mit dem Spielen fertig bist?

Gib mir den mal! – Nö, ich spiel jetzt! – Immer bist du so gemein und gibst nichts her! – Halt die Klappe! Du bist doch eh zu blöd zum Spielen.

Ein Rettungsanker im Streitgeschehen – die Fenstertechnik

Trotz aller gelungenen Streitschlichtung: Manchmal ist der Konkurrenzkampf zwischen den Geschwistern so vehement, dass Gespräche und Verständniswecken füreinander allein nicht helfen. Als Eltern müssen Sie in diesem Fall »härter«, direktiver und konsequenter durchgreifen, um Verhaltensänderungen anzubahnen. Die Fenstertechnik ist eine bewährte Methode aus der Verhaltenstherapie und führt bei konsequenter Durchführung zum Erfolg. Die Fenstertechnik ist immer dann sinnvoll, wenn die Geschwister so viel und so häufig miteinander streiten, dass Sie als Eltern den ganzen Tag damit beschäftigt sind, Streit zu schlichten, Strafen auszusprechen und kein Land in Sicht ist, was ein harmonisches Miteinander betrifft. Sie kann aber auch eingesetzt werden, wenn die Kinder immer wieder in derselben Situation miteinander in Konflikt geraten: jedes Mal beim Abendessen, immer, wenn es um Noten geht oder immer bei der Auswahl einer Fernsehsendung.

Wenn Gespräche nicht helfen.

Die Grundidee hinter diese Methode heißt: Es ist nicht möglich, ein Fehlverhalten langfristig zu verändern, wenn es in zu vielen unterschiedlichen Situationen auftritt und schon automatisiert ist, d.h. immer wieder wie von selbst abläuft.

So geht es anderen

Anton ist der kleine Bruder von Moritz. Anton ist extrem eifersüchtig auf Moritz, weil dieser als der Größere viele Dinge darf, die Anton noch nicht erlaubt sind. Jedes Mal, wenn Moritz etwas macht, will Anton dies auch tun. Moritz dagegen provoziert Anton häufig und betont immer wieder, dass der ja der Kleinere ist

und vieles noch nicht kann. Der Konkurrenzkampf der beiden beginnt schon nach dem Aufstehen am Morgen. Wer darf zuerst ins Bad? Wer bekommt welchen Frühstücksteller, wer geht zuerst aus dem Haus? Der Kampf endet erst, wenn beide endlich eingeschlafen sind.

Mit Moritz und Anton auszumachen, sie dürfen sich ab jetzt überhaupt nicht mehr streiten, ist nicht sinnvoll, weil die Verhaltensweisen viel zu sehr eingeschliffen sind und die Kinder mit dieser allgemein gehaltenen Regel überfordert sind. Außerdem fehlen ihnen Verhaltensalternativen, die sie nicht gelernt bzw. wieder verlernt haben. Sie wissen nicht mehr, wie sie miteinander umgehen sollen, ohne einander zu provozieren. Auch Sie als Eltern wären restlos überfordert, den Tag über konsequent zu verfolgen, ob die Kinder sich an die Regel halten, und das Verhalten dann zu belohnen oder zu bestrafen.
Deshalb wurde die Fenstertechnik als Methode entwickelt, die von den Kindern verlangt, ihr Verhalten nur in einer vorher festgelegten Situation zu verändern.

Praxistipps

Die Fenstertechnik ausprobieren

① Schreiben Sie eine Situation auf, in der Sie den Kampf zwischen Ihren Kindern abschaffen möchten.
② Legen Sie eine streitfreie Zeit für diese Situation fest.
③ Schreiben Sie für sich drei Regeln auf, die dazu führen, dass in dieser Situation kein Streit mehr herrscht. Formulieren Sie die Regeln so konkret wie möglich.
④ Wenn sich die Kinder an die Regeln gehalten haben: Wie werden Sie loben? Schreiben Sie jetzt einen konkreten Satz auf. (Ich freue mich, ... Schön, dass ...)

So wird die Fenstertechnik durchgeführt:

Zeitfenster	Mit den Kindern wird eine streitfreie Zeit ausgemacht.	*Zum Beispiel: Beim Frühstück wird nicht gestritten.*	Der Rest des Tages wird zunächst ausgeklammert.
Regeln	Besprechen Sie jetzt mit beiden Kindern Regeln – nicht mehr als drei. Beschreiben Sie die Regeln konkret.	*Zum Beispiel: Moritz erhält in dieser Woche den roten Teller. Jeder sitzt auf seinem Platz …*	
Konsequenzen	Legen Sie mit den Kindern fest, was passiert, wenn die Regeln nicht eingehalten werden.	*Zum Beispiel: Muss den Frühstückstisch verlassen. Erhält kein Müsli …*	Loben Sie die Kinder, wenn sie die Regeln beachtet haben.
Hilfestellung	Geben Sie klare Aufforderungen als Hilfestellung. Beim ersten Regelverstoß weisen Sie auf die Regeln hin.		

⑤ Bleiben Sie ausschließlich positiv, verpacken Sie keine Vorwürfe in das Lob.

⑥ Wie reagieren Sie, wenn sich die Kinder nicht an die vereinbarten Regeln halten? Schreiben Sie zwei negative Konsequenzen auf, die Sie sofort in der Situation durchführen können.

⑦ Setzen Sie sich jetzt in einer ruhigen Atmosphäre mit Ihren Kindern zusammen und besprechen Sie Ihren Plan.

Was tun, wenn Probleme auftreten?

Problem: Trotz ausführlich besprochener Regeln schaffen es die Kinder nicht, sich an diese zu halten. Jedes Frühstück endet mit einem riesigen Streit. Die Eltern sind enttäuscht, die Kinder wollen sich nicht mehr an die Vereinbarungen halten. Wir möchten Sie nun einladen, das bereits Erarbeitete noch einmal zu trainieren.

Mögliche Stolpersteine

Überprüfen Sie die Regeln nach folgenden Kriterien:

- Sind die Regeln zu kompliziert?
- Sind die Regeln nicht ausführlich genug besprochen worden?
- Kennen die Kinder die Regeln?
- Wissen die Kinder, wie sie sich konkret verhalten sollen?

Regeln sollten positiv formuliert sein. Statt: Du darfst nicht streiten! sollte vereinbart sein: Ich spreche in einem freundlichen Ton. Ich höre dem anderen zu und lasse ihn aussprechen.

Überprüfen Sie, ob Sie richtig gelobt haben:

- Erinnern Sie sich, was wir im zweiten Kapitel über das richtige Loben gesagt haben (vgl. S. 71).
- Haben Sie die Kinder konsequent gelobt, wenn diese die Regeln eingehalten haben?
- Kam Ihr Lob bei Ihren Kindern an?
- Sagen Sie Ihren Kindern genau, was Sie gut finden?

Beispiel

»Das Frühstücken hat heute ganz besonders gut geklappt! Schön, dass du heute freiwillig die Bärenschüssel an Moritz abgegeben hast. Mich freut, dass du heute den Tisch gedeckt hast!«

Je genauer Sie eine Handlung benennen, desto deutlicher kommt Ihre Anerkennung bei Ihren Kindern an. Außerdem loben Sie dann nicht emotionslos und damit ohne Wirkung. Versuchen Sie auch kleine Fortschritte in der Geschwisterbeziehung zu bemerken.

Überprüfen Sie, ob Ihre Anweisungen klar waren und bei Ihren Kindern angekommen sind:

- Anweisungen und Aufforderungen müssen klar sein, um zu wirken.
- Sagen Sie konkret, was Ihre Kinder tun sollen.

Beispiel

Statt: Das Frühstück ist ja immer noch nicht abgedeckt!
Besser: Du, Anton, räumst die Teller in die Spülmaschine!
Statt: Wie oft habe ich dir gesagt, du sollst deinen Bruder nicht ärgern!
Besser: Lass sofort deinen Bruder in Ruhe.

- Ihre Anweisungen müssen positiv formuliert sein.

Beispiel

Statt: Renn nicht weg!
Besser: Du bleibst jetzt sitzen!
Statt: Schrei nicht immer so laut!
Besser: Sprich leise!

Überprüfen Sie, ob die ausgehandelten Konsequenzen wirkungsvoll waren:

- Negative Konsequenzen sollten folgende Eigenschaften haben:

① Sie müssen durchführbar sein und nicht als leere Drohung im Raum stehen.

Beispiel Sie drohen: »Ab morgen geht ihr immer ohne Frühstück in die Schule.«

Die Kinder erkennen sofort, dass Sie eine solche Androhung nicht wahr machen werden. Besser ist es, wenn Sie das Frühstück am heutigen Tag sofort abbrechen, oder Sie streichen sofort den Schokoladenaufstrich, indem Sie das Glas wegstellen.

② Negative Konsequenzen müssen möglichst sofort erfolgen.

Sollten Sie unter Zeitdruck geraten, dann kündigen Sie wenigstens an, was wann erfolgen wird.

Beispiel »Du hast dich schon wieder nicht an unsere Abmachung gehalten. Dafür streiche ich dir heute Abend die Gutenachtgeschichte.«

③ Negative Konsequenzen müssen regelmäßig erfolgen.

Am wenigsten Erfolg haben Sie in Ihrem Erziehungsverhalten, wenn Sie sich in ähnlichen störenden Situationen jedes Mal anders verhalten. Einmal schimpfen Sie, dann strafen Sie massiv, dann übersehen Sie das störende Verhalten, dann wieder reagieren Sie gelassen und führen ein Gespräch.
Kinder brauchen klare Linien in der Erziehung, sie müssen wissen, was Papa und Mama nicht dulden. Dazu aber müssen beide Eltern am gleichen Strang ziehen und sich über erwünschtes und unerwünschtes Verhalten einig sein. Sie erinnern sich an die Bedeutung von Besprechungen im Elternzimmer (vgl. S. 11). Das gilt auch, wenn Sie als Eltern getrennt leben. In groben Zügen

müssen Sie sich auf jeden Fall einigen darüber, was gilt und was nicht.

Der Vertrag und ein Punkteplan – gemeinsam sind wir stark

So geht es anderen

Maximilian ist der jüngere Bruder von Manuel. Beim Zubettgehen gibt es jeden Abend Streit. Da Manuel drei Jahre älter ist, darf er noch eine halbe Stunde länger aufbleiben. Max rebelliert täglich gegen diese »Ungerechtigkeit«, er schreit, bockt und lässt seine Wut meistens direkt an seinem Bruder aus. Manuel verteidigt sich sowohl körperlich als auch verbal. Jeden Abend herrscht bei Familie Huber riesiges Theater. Völlig verzweifelt kommt die Mutter schließlich in die Beratung.

Gespräche hat sie allein oder mit ihrem Mann schon etliche geführt. Die Regel, dass Manuel eine halbe Stunde länger aufbleiben darf, sei ausführlich besprochen worden. Dennoch probe Max jeden Abend den gleichen Aufstand, und Manuel steige mit Freude darauf ein und bohre auch noch in der Wunde seines jüngeren Bruders. In der letzten Zeit enden die Abende meist mit einem großen Krach und beide Brüder werden gleichzeitig eine Stunde zu spät ins Bett geschickt – ohne Gutenachtgeschichte und ohne liebevolle Zuwendung. »Ich bin mit den Nerven völlig am Ende!«, endet Frau Huber ihren Jammerkatalog.

Wichtig zu wissen

Manchmal ist es schwierig, gute Vorsätze in die Tat umzusetzen. Kinder brauchen klare Linien und Strukturen, um Regeln zu lernen. Dann kann ein Vertrag und ein

Ein Vertrag kann helfen.

Punkteplan helfen. Außerdem verbünden Sie sich dann mit dem unterschwelligen Bedürfnis von Kindern, sich auch einmal »gegen ihre Eltern« zusammenzutun. Es hängt vom Alter der Kinder ab, ob Sie mit ihnen zusammen einen Vertrag aushandeln, oder ob Sie als Eltern einen Vertrag besprechen und ihn dann mit Ihren Kindern durchgehen.

Bei Geschwisterrivalitäten kann es günstig sein, wenn die Kinder miteinander gegen Sie als Eltern um die Wette spielen.

Erinnern Sie sich noch, was wir im ersten Kapitel geschrieben haben? Brüder sind abwechselnd Rivalen und Verbündete. Auch am Beispiel der Brüder aus der Familie Huber ist das zu erkennen. Einerseits fällt es Max, dem Kleineren, unendlich schwer zu akzeptieren, dass sein größerer Bruder aufgrund seines Alters manche Dinge darf, die ihm noch verwehrt sind. Auch hier können Rituale dem jüngeren Kind helfen zu akzeptieren, dass das ältere manche Dinge schon darf. Dazu erfahren Sie mehr im nächsten Kapitel. Andererseits bedeutet es für das größere Kind einen nicht unerheblichen Machtgewinn, wenn es seine Privilegien durchsetzt und der kleinere Bruder vor Eifersucht brennt. Unserer Meinung nach ist es wichtig, dass in einem solchen Fall beiden Kindern Grenzen aufgezeigt werden. Wie die Fenstertechnik verlangt auch der Punkteplan ein sehr striktes Vorgehen der Eltern, das auch Elemente von Dressur aufweist. Beide Erziehungstechniken werden dann eingesetzt, wenn der Leidensdruck in der Familie groß ist und anders nicht mehr gehandelt werden kann. Direktives Handeln bahnt den Weg zu einem Umgang in Achtung und Wertschätzung, in dem auch wieder Verstehen, Einfühlung und Selbstoffenbarung ihren Platz haben.

Vielleicht ist Ihnen aber bei diesem Konflikt noch eine andere Seite aufgefallen: Richtig, beide Brüder streiten zwar auf der einen Seite heftig miteinander und verteidigen ihre Positionen, auf der anderen bilden sie aber auch unbewusst eine Koalition gegen die Eltern. Immerhin erreichen sie jeden Abend etwas sehr Erstrebenswertes: Sie verlängern ihre Zubettgehzeit um jeweils eine halbe bis ganze Stunde. Der Preis dafür ist hoch. Die Eltern sind verärgert und genervt. Ein liebevolles Einschlafritual entfällt.

Mit einem Punkteplan können Sie das allabendliche Theater reduzieren, im Idealfall sogar beenden. In vielen Schritten sind Sie bereits Experte. Die Kinder erhalten bei diesem Vorgehen für positives Verhalten eine symbolische Belohnung, die später eingelöst werden darf.

Einen Punkteplan verabreden

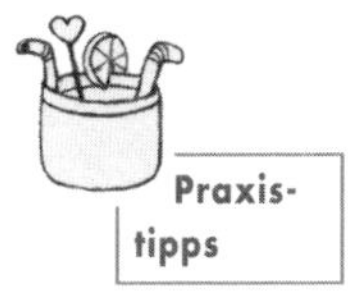

So gehen Sie vor:

Das Problemverhalten beschreiben

Beschreiben Sie das Problemverhalten und die Situation, in der es auftritt, so konkret und genau wie möglich: Max geht abends nicht freiwillig zu Bett. Er beginnt mit seinem Bruder zu streiten ...

Ein Zeitfenster wählen

Wählen Sie das Zeitfenster aus. Wann beginnt der Wettkampf? Wann endet der Streit?
In unserem Beispiel beginnt er um 19.30 Uhr. Max soll freiwillig ins Bett gehen. Der Streit endet, wenn beide Kinder im Bett liegen, etwa gegen 20.30 Uhr.

Das Problem mit den Kindern besprechen

Besprechen Sie mit Ihren Kindern das Problem und überlegen Sie sich gemeinsam, wie es besser laufen könnte. Formulieren Sie ein bis maximal drei Regeln. Diese Regeln werden auf ein DIN-A3-Papier in den »Spielplan« geschrieben. Folgende Regeln erscheinen für Max und Manuel sinnvoll:

Ein Smily als Belohnung.

- Max geht um 19.30 Uhr freiwillig ins Bett – dafür bekommt er einen Smily/einen Stern.
- Manuel geht um 20.00 Uhr freiwillig ins Bett – ein Smily/ein Stern.
- Max und Manuel bleiben im Kinderzimmer und lesen höchstens noch zehn Minuten – ein Smily/ein Stern.

Konsequenzen vereinbaren

Jetzt legen Sie gemeinsam fest, was geschieht, wenn die Regeln nicht eingehalten werden.

- Sollte Max/Manuel nicht freiwillig zur vereinbarten Zeit ins Bett gehen, wird er einmal von einem Elternteil klar und deutlich ermahnt und an die Vereinbarung erinnert.
- Sollte er immer noch nicht freiwillig gehen, begleiten ihn Vater oder Mutter ins Kinderzimmer. Er bekommt keinen Smily.
- Sollte er dabei auch noch »Theater machen«, wird ihm die Gutenachtgeschichte für den heutigen Abend gestrichen.
- Das Kinderzimmer darf Max/Manuel nicht mehr verlassen. Er kann aber noch zehn Minuten in einem Bilderbuch lesen und dann selbst das Licht ausmachen. Ein Elternteil vergewissert sich nach der entsprechen-

den Zeit, ob das Licht aus ist. Dafür kann Max/Manuel sich wieder einen Smily verdienen. Verlässt er sein Zimmer und kommt wieder ins Wohnzimmer, wird ihm ein Smily gestrichen.

Legen Sie fest, was mit den gesammelten Smily/Sternen passiert

Wichtig ist, dass Sie die Spielregeln mit Ihren Kindern ausführlich besprechen. Jedes Kind muss genau wissen, für welches Verhalten es einen Smily bekommt und unter welchen Bedingungen ihm einer gestrichen wird.
Jedes Kind startet mit fünf »Bonuspunkten«, sonst kann nicht von Anfang an mit Entzug von Smilys gearbeitet werden. Nun können die Kinder jeden Abend Smilys sammeln. In unserem Beispiel kann jedes Kind einen Smily für freiwilliges Ins-Bett-Gehen verdienen und einen für Im-Zimmer-Bleiben.
Legen Sie mit Ihren Kindern zusammen eine Wunschliste für Sonderbelohnungen an. Suchen Sie in einer Art Brainstorming möglichst viele Dinge, besser noch Unternehmungen, über die sich Ihre Kinder freuen. Große, sehr teure Wünsche sollten dabei nicht notiert werden. Es ist sinnvoller, kleinere Belohnungen zu finden, die am Ende einer Woche mit zehn bis fünfzehn Smilys zu verdienen sind. Muss ein Kind zum Beispiel einhundertfünfzig Smilys für ein Fahrrad sammeln, ist dieser Zeitraum zu lang, und die Motivation sinkt. Achten Sie darauf, dass mindestens fünf bis zehn Belohnungen für jedes Kind aufgeschrieben werden, die mit unterschiedlicher Anzahl von Smilys eingelöst werden können.

Beispiel für Max

- Kinobesuch: 15 Smilys
- Radltour mit Papa allein: 15 Smilys
- Dinosaurieraufkleber: pro Stück 3 Smilys

- Mit Mama allein Uno spielen: 8 Smilys
- Ein Glitzerstift: 6 Smilys

Tragen Sie jetzt die Sonderbelohnungen und die Anzahl der einzulösenden Smilys in den Spielplan ein. Jeder Partner unterschreibt den fertigen Vertrag.

Was Sie noch beachten sollten:

- Befestigen Sie die Spielpläne und die Vereinbarungen an einer gut sichtbaren Stelle in der Wohnung. Besonders geeignet sind Türen von Kinderzimmer, Badezimmer oder Küche. Markieren Sie immer sofort einen Smily, wenn sich das Kind an die Vereinbarungen gehalten hat.
- Besprechen Sie jeden Tag den Zugewinn bzw. Verlust der Smilys und überlegen Sie gemeinsam, welche Belohnungen schon in Aussicht stehen.
- Tauschen Sie die lachenden Smilys in Belohnungen ein. Ihr Kind bestimmt die Art der Belohnung. Haken Sie die Smilys auf dem Spielplan ab.
- Erwarten Sie keine Wunder! Die Kinder müssen sich erst an die Vereinbarungen gewöhnen. Sie sollten aber unbedingt in den ersten drei Tagen einen Zugewinn an Smilys erreichen. Schaffen die Kinder das nicht, sollten Sie die vereinbarten Regeln überdenken und diese erreichbarer gestalten. Überlegen Sie gemeinsam mit Ihren Kindern, worin die Schwierigkeiten liegen und wie die Regeln umformuliert werden können.
- Rückschläge kommen vor. Lassen Sie sich nicht entmutigen, wenn es Tage gibt, an denen sich die alten Verhaltensmuster wieder zeigen. Solche Tage sind normal. Auch beim Laufenlernen sind Ihre Kinder immer wieder hingefallen.

- Beenden Sie den Punkteplan nach einiger Zeit. Wenn die Geschwister ihren Streit für längere Zeit beigelegt haben, zum Beispiel zwei Wochen ohne Streit, dann ist es an Ihnen, den Punkteplan offiziell zu beenden. Am besten schließen Sie den Vertrag mit einem Ritual ab. Sie können mit Ihren Kindern gemeinsam etwas unternehmen, einen Kuchen backen und feiern. Der Vertrag wird würdevoll abgehängt, und die Kinder werden für ihre Fortschritte gelobt.

Den Vertrag zu einem Wettspiel zwischen Eltern und Kindern »umbauen«

Lassen Sie die Kinder doch gemeinsam Smilys sammeln! Dann wird der Vertrag zu einem Wettspiel zwischen Eltern und Kinder. Anstatt für jedes Kind eine einzelne Belohnungsliste einzuführen, können Sie die Kinder auch gemeinsam eine erstellen lassen. So sammeln beide, jeder für sich, Smilys für gemeinsame Unternehmungen. Sollten Sie allerdings feststellen, dass ein solcher Vertragsumbau wieder zu erneuten Konflikten führt, behält jedes Kind seinen Punkteplan.

Wenn Ihnen das Streichen der Smilys sehr weh tut, können Sie auch Punkte an sich selbst vergeben. Das sieht dann so aus: Wenn Max nicht freiwillig ins Bett geht, bekommen Mama und Papa einen Punkt. Für fünf Punkte muss Max den Frühstückstisch am Sonntag allein decken. Ihrer Kreativität sind keine Grenzen gesetzt!

Lassen Sie uns noch einmal zusammenfassen:

① Legen Sie ein Zeitfenster fest.
② Besprechen Sie nicht mehr als drei konkrete Regeln.
③ Überlegen Sie gemeinsam positive und negative Konsequenzen.

④ Legen Sie Sonderbelohnungen und die Anzahl der einzulösenden Punkte fest.
⑤ Unterschreiben Sie den Vertrag und hängen Sie ihn gut sichtbar auf.
⑥ Besprechen Sie täglich die Ergebnisse.
⑦ Die Kinder bestimmen, welche Belohnung sie einlösen.
⑧ Beenden Sie den Punkteplan offiziell.

So haben Sie Erfolg:

- Halten Sie sich konsequent an die Durchführung des Plans!
- Lassen Sie keinen Tag aus!
- Lösen Sie die Belohnungen konsequent ein!
- Ermutigen Sie Ihre Kinder und freuen Sie sich mit ihnen über die Fortschritte!
- Vertrauen Sie Ihren Kindern!

Elternverhalten, das Öl ins Streitfeuer gießt

So geht es anderen

Herr und Frau Porst sind Eltern von zehnjährigen Zwillingsbuben. Aufgelöst und fassungslos erzählen sie beide, wie es sie schmerzt, dass Markus jedes Versagen des Bruders mit Schadenfreude begrüßen. »Wir bemühen uns wirklich, konsequent zu sein!«, verteidigen sie sich. »Wir haben lange die Streits einfach übersehen. Aber immer kann man das ja auch nicht!« Gefragt, was sie sonst noch ausprobiert haben, geben die Eltern viele Beispiele ihrer Androhungen nach dem Schema: Wenn du deinen Bruder noch einmal so runtermachst, bekommst du Hausarrest. Wenn ihr euch immer um das Skateboard prügelt, ziehen wir es aus dem Verkehr. Markus und Michael wachsen in einem behüteten Elternhaus auf, mit Eltern, die sich sehr um ihre Kinder bemühen und diese glücklich sehen wollen. Meine Einschätzung melde ich Herrn und Frau Porst auch zurück und beende mein Lob mit den Worten: »An Ihrem Engagement liegt es gewiss nicht.« Dann machen wir uns auf die Suche nach förderlichem und kontraproduktivem Elternverhalten.

Wichtig zu wissen

Nachdem wir Ihnen eine Reihe von Methoden vorgestellt haben, die helfen sollen, die Konflikte zwischen Ihren Kindern zu mindern, möchten wir abschließend noch einmal Ihren Blick für ungünstiges Elternverhalten schärfen. Wir stellen Ihnen Verhalten vor, das Streit und Konflikte eher provoziert und verschärft. Viele dieser »Elternsünden« sind Ihnen in den Übungen bereits begegnet, sie sollen aus Gründen der Einprägsamkeit hier noch einmal zusammengefasst werden. Wenn Sie sich im täglichen Erziehungsgeschäft selbst unsicher und ängstlich oder aggressiv und verletzend verhalten, sind Sie einerseits ein schlechtes Modell für Ihre Kinder, Sie tragen andererseits aber auch wenig zu einer Lösungsfindung bei, welche die Entwicklung Ihrer Kinder fördert. Kinder brauchen Eltern, die ihnen deutlich Wege aufzeigen und die sie in schwierigen Situationen sicher begleiten.

Die wichtigsten Elternfallen.

Lassen Sie uns also einen »Bußgeld-Katalog« vorstellen, der unwirksam und zuweilen sogar schädlich ist, uns im Erziehungsalltag aber alle begleitet. In Abgrenzung zu dieser geballten Negativfolie wird es Ihnen leichter gelingen, nicht mehr in die alten Fallen zu tappen.

Schuldzuweisungen und Vorhaltungen

Viele verzweifelte Eltern erhoffen sich, dass die Kinder ihr Verhalten ändern, wenn sie nur oft genug darauf hinweisen, dass dieses Verhalten nicht erwünscht ist. Besonders beliebt sind Vorwürfe in Form einer Du-Botschaft:

Beispiele

- Du hast schon wieder deine Schwester geärgert!
- Du fängst immer mit dem Streiten an!
- Du hast deinem Bruder den Walkman weggenommen!

Eltern sagen dem Kind in diesem Moment genau das, was es gerade macht. Das weiß ein Kind aber selbst. Handlungsalternativen werden dem Kind nicht aufgezeigt. Stattdessen hört das Kind die Botschaft: Du bist nicht in Ordnung! Ich mag dich nicht! Schuldzuweisungen und Vorhaltungen sind daher in zweierlei Hinsicht ungünstig:

① Kinder erfahren nicht, was sie an Stelle des unerwünschten Verhaltens tun sollen.
② Das Selbstwertgefühl der Kinder leidet.

Aufforderungen und Drohungen ohne Folgen
Sehr beliebt unter den Elternstrategien ist die Ankündigung: »Wenn du das (nicht) machst, dann passiert …«, wie sie uns auch von den Eltern Porst berichtet wurde.

Beispiele

- Wenn du nicht sofort deine Hausaufgaben machst, dann gehst du auf dein Zimmer!
- Wenn du nicht gleich brav bist, dann darfst du heute deine Lieblingssendung nicht sehen!

Das Problem ist einerseits, dass hier nichts Positives genannt wird, das anschließend eine Belohnung erfahren könnte, andererseits aber – und das wiegt in diesem Zusammenhang schwerer –, dass nichts auf diese Ankündigungen geschieht. In der Hektik des Erziehungsalltags ist es oft sehr beschwerlich, die Konsequenzen wirklich eintreten zu lassen. So verpuffen die Ankündigungen im leeren Raum.

Noch unwirksamer ist diese Art von Ankündigung, wenn die Dann-Folge für das Kind völlig unklar ist.

Beispiel

- Wenn ihr nicht endlich still seid, dann passiert was!

Na, was passiert denn eigentlich? Eltern wissen das oft selbst nicht so genau, und Kinder durchschauen deren Unsicherheit sofort. Sollten die Folgen von vornherein als undurchführbar erscheinen, machen Eltern durch solche Ankündigungen klar, dass sie gar nicht vorhaben, diese umzusetzen.

Beispiel

- Wenn ihr euch ständig wegen der Spielsachen streitet, dann schmeiße ich alle eure Spielsachen weg!

Na, die Mutter möchten wir sehen, die das dann tatsächlich tut. Kinder lernen schnell aus solchen Erziehungsfehlern und erkennen, dass sie Aufforderungen der Eltern im Grunde gar nicht nachkommen müssen. Es passiert anschließend nichts Unangenehmes.

Den Streit ignorieren – ein Beispiel für unsicheres Elternverhalten

Häufig wird Eltern der Rat erteilt, unangebrachtes Verhalten zu ignorieren, weil die Kinder sonst lernen, dass ihnen besondere Aufmerksamkeit zukommt, wenn sie ein solches Verhalten zeigen. Ein Beispiel ist, dass es sicherlich nicht sinnvoll ist, auf gelegentlich verwendete Ausdrücke aus der Gossensprache intensiv einzugehen. Hier ist Ignorieren manchmal durchaus angebracht.
Ignorieren kann aber auch schlimme Folgen haben. Ignorieren Sie ein häufiges unangebrachtes Verhalten, dann verlieren Sie auch den Respekt Ihrer Kinder. Eine Mutter, die ignoriert, dass ihr kleiner Sohn sie aus Wut immer wieder beißt, und die sich Schimpfwörter gefallen lässt, wird in den Augen ihres Kindes nicht an Anerkennung gewinnen. Das Kind lernt, dass es mit seiner Mutter auf diese Art umgehen kann. Noch schlimmer wird es, wenn die Mutter in der Öffentlichkeit aus Scham nicht auf das Beißen reagiert. Kinder spüren sofort die Unsicherheit und Hilflosigkeit ihrer Eltern, und sie verzeichnen dann einen Machtgewinn, der die Beziehung zu ihren Eltern gefährdet. Genauso ergeht es Eltern, die Geschwisterstreit ständig ignorieren. Die Eltern werden zunehmend gereizter, und oft schlägt das Gefühl des eigenen Versagens plötzlich in einen völlig

unangebrachten Wutanfall den Kindern gegenüber um. Übertriebene Strafen sind die Folge, aus denen Kinder nichts lernen, weil sie wie ein unvorhersehbarer Donnerschlag auf sie niedergehen: eine Woche Hausarrest, zwei Wochen Fernsehverbot usw.

Warum-Fragen, Bitten und Betteln

Unsicheres Elternverhalten zeigt sich auch in den beliebten Warum-Fragen oder im Bitten und Betteln, dass die Kinder endlich ihr Verhalten ändern.

Beispiele

- Warum ärgerst du deine kleine Schwester immer?
- Warum räumst du dein Zimmer nicht auf?
- Warum folgst du nie?

Wie soll Ihnen das Kind auf diese Fragen antworten? Erwarten Sie überhaupt eine Antwort? Kinder wissen meist nicht, warum sie etwas tun. Kein Kind wird Ihnen sagen, dass es deshalb nicht folgt, weil es weiß, dass Sie keine Konsequenzen ziehen werden. Üblicherweise antworten Kinder auf diese Art von Frage mit »darum, weil eben, weiß ich nicht ...«. Werden Warum-Fragen noch mit einer negativen Bewertung ergänzt, ist die Folge für die Kinder besonders schlimm.

Beispiel

- Warum versteht ihr das nicht? Ihr kostet mich noch alle meine Nerven!

Den Kindern wird weder gesagt, was sie stattdessen tun sollen, noch werden sie darin bestärkt, dass sie sich auch anders verhalten können. Aber sie spüren die Verzweiflung und die Unsicherheit der Eltern und oft auch deren Ärger. Einen ähnlichen Effekt haben Bitten, die verzweifelt an die Kinder gerichtet werden.

Beispiele

- Jetzt streitet euch doch nicht immer! Bitte!
- Würdest du uns bitte bei den Hausaufgaben nicht stören!
- Bitte, bitte hör auf mit dem Gekreisch!

Bedenken Sie immer, dass Bitten zwar höflich klingen, dem anderen aber immer die Wahl lassen, sich daran zu halten oder eben auch nicht. Wenn es aber keine Wahl für Ihre Kinder gibt, dann ist solches Flehen nicht gerechtfertigt.
In Konfliktsituationen kommt es darauf an, dass Ihre Kinder Sie ernst nehmen und Ihrer Aufforderung nachkommen. Bitten sind dann angebracht, wenn Kinder sich frei entscheiden können.

Spickzettel für den Umgang mit Geschwisterstreit

Sie haben sich durch ein umfangreiches Kapitel mit vielen verschiedenen Anregungen gearbeitet. Es mag sein, dass nun in Ihrem Kopf ein freundliches Durcheinander herrscht oder dass Sie sich von der Fülle der Informationen etwas gelähmt fühlen und meinen, den Überblick verloren zu haben. Unser Spickzettel wird Ihre Sicherheit erhöhen.

Welches Wissen ist hilfreich beim Umgang mit geschwisterlichen Streithähnen und Streithennen?

① Im Umgang mit Streit müssen Eltern an einem Strang ziehen. Wenn Sie das Vorgehen Ihres Partners oder Ihrer Partnerin im Erziehungsgeschäft einmal nicht gutheißen, schließen Sie sich zunächst (zähneknirschend) an und diskutieren Sie später über die »gemeinsame Linie«. Nichts ist für Kinder verwirrender als unterschiedliche Botschaften von den Eltern.

② Rufen Sie sich ins Bewusstsein: Streit gehört zum geschwisterlichen Leben. Auseinandersetzungen mit Geschwistern ermöglichen Identitätsentwicklung und drücken die Angst vor Statusverlust im Familiensystem ebenso aus wie unerfüllte Bedürfnisse. Atmen Sie tief durch und flüstern Sie: Es ist okay, wenn meine Kinder streiten!

③ Mancher Streit kann vermieden werden, indem Sie die Auslöser schon im Vorfeld entfernen.

④ Erscheinen Sie nicht bei jedem Streit im Kinderzimmer, sondern wägen Sie ab, wann Sie eingreifen müssen. Es gilt die Faustregel: Geschwister brauchen Hilfe, wenn eines oder beide im Streit anhaltend gedemütigt werden.

⑤ Beginnen Sie mit der Vermittlung erst, wenn Sie und die Kinder sich einigermaßen beruhigt haben. Nach einem ersten Stopp können Sie alle sich eine Verschnaufpause gönnen. Vergessen Sie dabei nicht, Ihren Kindern in Aussicht zu stellen, wann Sie den Konflikt gemeinsam bearbeiten wollen.

⑥ Treten Sie als Klärungshelfer, nicht als Richter auf!

⑦ Haben Sie keine Angst vor ein wenig Dressur und Wettbewerb im Erziehungsgeschäft. Kinder lieben Verträge und Punktepläne. Sie fühlen sich bei solchen Tätigkeiten wichtig in dem Wissen: Meine Eltern nehmen mich ernst!

Ungünstiges Elternverhalten

Vergleichen

Günstiges Elternverhalten

Freundliche Aufforderung

Die Geschichte vom Wolf und der Giraffe

Vergebliche Suche nach Freunden

Es war einmal ein großer, starker Wolf, der lebte schon lange Zeit im Tierpark. Da er so groß und stark war, galt er als Anführer seines Rudels. Die anderen Wölfe hatten viel Respekt vor dem Wolf, weil er sich anscheinend nichts gefallen ließ. Wenn er über etwas sehr wütend wurde, dann konnte es schon passieren, dass er zuschnappte, einen anderen anknurrte und verletzte. So kam es, dass alle anderen Wölfe ängstlich davonliefen, wenn der große Wolf durch das Gehege streifte.

Wolfs- und Giraffensprache für Kinder erklärt.

Auf diese Weise wurde der große Wolf immer einsamer und einsamer. Eines Tages beschloss er, mit den anderen Wölfen zu reden. Laut heulte er viermal auf, denn das war das Zeichen zur Zusammenkunft. Alle Wölfe versammelten sich im Rudel um ihn herum. Innerlich zitterte der große Wolf, weil er nichts so hasste, wie vor so vielen anderen Wölfen zu sprechen. Außerdem hatte er eigentlich schrecklich Angst, dass ihn kein Wolf so richtig mochte und sie ihm deshalb aus dem Weg gingen. Aber er ließ sich nichts anmerken und sprach klar und forsch:

»Wölfe, ihr seid schuld, dass wir kein richtiges Rudel mehr sind. Jeder geht nur noch seinen eigenen Weg und keiner von euch ist fähig, sich mit den anderen Wölfen zu befreunden. Ihr knurrt euch gegenseitig an und zieht euch dann zurück. Wenn ich durch das Gehege trabe, ist es das Gleiche. Ich versuche immer, mit euch zu sprechen, und ihr weicht aus. Versprecht mir, dass ihr euch ändert!«, knurrte der große Wolf böse. Alle anderen Wölfe nickten danach mit dem Kopf und versprachen, alles besser zu machen. Und, was meinst du, geschah? In den ersten Tagen sprachen sie den großen Wolf immer freundlich an und grüßten ihn. Dann wurden die Freundlichkeiten immer weniger, richtige Freunde fand der große Wolf auf diese Weise nicht.

Die Begegnung mit der weisen Giraffe

So wurde der große Wolf sehr traurig in seiner Einsamkeit. Eines Tages setzte sich ein kleiner Vogel direkt neben ihn auf einen Stein.

»Was willst du?«, knurrte der Wolf und fletschte die Zähne. »Siehst du nicht, dass ich allein sein will?« Der kleine Vogel aber sprach mutig: »Sag mal, Wolf, warum hast du keine Freunde? Die Giraffe im Nachbargehege, die hat ganz viele Freunde und kommt mit allen Tieren sehr gut aus. Sie ist sehr beliebt und alle haben großen Respekt vor ihr.«

Wütend schnappte der große Wolf nach dem Vogel, doch dieser flog schnell zwitschernd davon. Die Giraffe ging dem Wolf aber nicht mehr aus dem Kopf.

Was hatte die, was er nicht hatte?

Zwei Tage lang grübelte er darüber nach, und als er immer noch nicht zu einem Ergebnis gekommen war, beschloss er, die Giraffe zu besuchen. Nachts kletterte er mit riesiger Anstrengung über den Gehegezaun. Das hatte bisher noch keiner geschafft. Er schlich sich zum Giraffengehege und knurrte: »He, Giraffe, komm mal her! Ich muss dich was fragen!«

Die Giraffe schaute ihn verdutzt an und erkundigte sich, was er denn von ihr wissen wolle. Der große Wolf druckste lange herum, bis er sich endlich überwand: »Wie machst du das, dass alle Tiere so gut über dich sprechen, auf deine Meinung Wert legen und dich so gern haben?«

Die Giraffe dachte lange nach, bis sie ihm antwortete: »Weißt du, Wolf, ich habe großes Glück! Mit meinem langen Hals sehe ich die Welt von oben. Daher kann ich vieles beobachten, was andere Tiere nicht sehen können. Ich kann den anderen die Welt aus einer ganz anderen Sicht erklären. Außerdem muss ich bei der Futtersuche niemandem etwas wegnehmen, weil ich mit meinem langen Hals nur dort fresse, wo andere Tiere nicht hinkommen. So bin ich kaum in Streit verwickelt. Und schließlich hat mir die Natur das größte Herz von allen Tieren geschenkt. Ich brauche es, damit mein Herz das Blut über den langen Hals bis in meinen Kopf pumpen kann. Mein Herz hilft mir aber auch, die anderen Tiere zu verstehen und freundlich zu ihnen zu sein!«

Der Wolf wurde ein bisschen traurig, denn er hatte nicht so einen langen Hals, um die Welt aus einem anderen Blickwinkel zu sehen.

Das bemerkte die Giraffe und sagte: »Wolf, du musst nicht traurig werden. Ich glaube, du brauchst nicht unbedingt einen langen Hals, um mit den anderen Wölfen gut auszukommen. Vielleicht hilft es ja schon, wenn du versuchst, anders mit ihnen zu sprechen. Sag den anderen doch mal, was dich stört, ohne sie zu beleidigen und anzugreifen! Sie müssen auch über deine Gefühle Bescheid wissen, wie sollen sie denn sonst wissen, wie es dir geht? Wenn du dir etwas von den anderen wünschst, dann sprich es klar und deutlich aus! Anderen die Schuld zu geben und voller Wut um sich zu schnappen, das ist keine Lösung. So erreichst du nur, dass die anderen Angst vor dir haben und sich immer mehr zurückziehen.«

Der große Wolf wurde sehr, sehr nachdenklich. Leise bedankte er sich bei der Giraffe und schlich sich in sein Wolfsgehege zurück.

Er konnte die ganze restliche Nacht nicht mehr schlafen vor lauter Grübeln.

Der Wolf redet mit den anderen Wölfen

Am nächsten Morgen heulte er wieder viermal, so laut er konnte. Ängstlich und genervt schlichen die anderen Wölfe herbei. Sie erwarteten die nächste Strafpredigt, aber es kam ganz anders.

»Wölfe, ich möchte mich bei euch entschuldigen. Ich war in letzter Zeit oft wütend und gereizt. Ihr seid nicht schuld, dass wir kein richtiges Rudel mehr sind. Ich habe viel nachgedacht, und ich wünsche mir, dass wir anders miteinander umgehen. Ich wünsche mir, dass wir uns sagen, was uns stört, aber freundlich und nicht verletzend. Wenn wir uns gegenseitig sagen, wie es uns geht und was wir fühlen, dann können wir uns auch besser verstehen und freundlicher miteinander umgehen. Ich wünsche mir so sehr, dass wir wieder ein richtiges Rudel werden!«

Die anderen Wölfe waren richtig begeistert von den neuen Ideen und heulten kräftig auf, um ihrer Freude Ausdruck zu verleihen. Der große Wolf aber nahm sich insgeheim vor, das nächste Mal auch noch zu sagen, dass er sich sehr einsam fühlte und dass er sich so sehr einen Freund wünschte. Für heute aber hatte er sich genug getraut, denn über seine Gefühle zu sprechen, das fiel ihm noch sehr schwer und kostete ihn viel Mut. Aber er hatte es geschafft und war unglaublich stolz auf sich.

Kapitel 4

Als Familie überleben

Ich wünsche mir, dass wir uns alle ganz doll lieb haben!

Erinnern Sie sich noch an den Beginn unseres Buches? Dort wollten wir Ihnen einen Blick in das familiäre Ordnungssystem ermöglichen, das Familienhaus. Machen Sie sich noch einmal vertraut mit diesem Haus und seinen Räumen, so wie wir Ihnen dieses Gebäude in der Einleitung vorgestellt haben. Wie jedes andere Haus ist auch das Familienhaus ein Gebäude, das regelmäßig geputzt, renoviert und instand gehalten werden muss, damit es weiterhin ein Ort bleibt, an dem sich alle Familienmitglieder wohl und zu Hause fühlen. Werden einzelne Räume kaum genutzt oder lieblos eingerichtet und wenig gepflegt, wirkt sich das im Familienhaus bald auch ungünstig auf die Wohnqualität in den anderen Zimmern aus. Die Verantwortung und die Pflege der meisten Räume liegt in den Händen der Erwachsenen. Nur die Kinderzimmer sollten den Geschwistern überlassen bleiben. Hier haben Eltern nur in Ausnahmefällen etwas zu suchen. Wir möchten Ihnen jetzt Pflegetipps für die einzelnen Familienräume vorstellen.

Das Paarzimmer herrscht über Düfte und Farben im Familienhaus

Wenn das Paarzimmer auch nicht der zentrale Ort für alle ist, die in der Familie leben, so bestimmt es dennoch die Atmosphäre, die in Ihrem Familienhaus herrscht. Das gilt auch, wenn Sie Ihre Kinder allein oder mit einem neuen Partner oder einer neuen Partnerin großziehen. Wir beginnen deshalb mit diesem wichtigen Raum.

So geht es anderen

Herr und Frau Fuchs, beide in den Dreißigern, kommen in die Beratung, um über ihre beiden Kinder, den dreijährigen Paul und den siebenjährigen Sebastian, zu sprechen. Im Laufe des Gesprächs kristallisieren sich neben den dominanten Geschwisterstreitereien auch deutliche Probleme in der Partnerschaft heraus. Zwar ziehen im Vordergrund die Kinder fast die gesamte Aufmerksamkeit ihrer Eltern auf sich, die Auseinandersetzungen der Brüder belasten die Mutter tagsüber sehr und rauben ihr Energie. Im Hintergrund aber wird die Situation erschwert durch die immer drängender werdenden Probleme des Paares. Wie sehen diese aus?

Wenn Herr Fuchs abends nach Hause kommt, trifft er seine Frau entnervt und erschöpft an. Er soll dann sofort seinen Vaterpflichten nachkommen und die quengeligen Söhne möglichst rasch ins Bett verfrachten. Herr Fuchs selbst sehnt sich aber zu diesem Zeitpunkt nach Ruhe und einer Auszeit, die er am liebsten vor dem Fernsehapparat verbringt. So beginnt fast jeder Abend während der Woche mit einem mehr oder weni-

ger heftigen Streit zwischen dem Paar. Frau Fuchs ist bitter enttäuscht darüber, dass ihr Mann sich nicht einmal abends Zeit für seine Kinder nimmt und sie entlastet. Dringend bräuchte auch sie am Abend ein wenig Zeit für sich und vor allem Anerkennung dafür, was sie den ganzen Tag über geleistet hat. Stattdessen steht ihr ein müder und überarbeiteter Ehemann gegenüber, der sich ziemlich wortkarg vor den Fernseher legt und keinerlei Interesse an ihr und den gemeinsamen Söhnen zeigt. Ihr Partner dagegen nimmt die Situation völlig anders wahr. Er hat einen verantwortungsvollen Beruf, der ihn sehr beansprucht. Abends fühlt er sich ausgelaugt und in letzter Zeit auch überfordert. Wenn er dann vor der häuslichen Wohnungstüre steht, weiß er in angstvoller Erwartung, was sich nach dem Öffnen der Haustüre abspielen wird. Mit dem Sportteil der Zeitung bewaffnet flüchtet er zunächst auf die Toilette und sucht dann Zuflucht auf der Couch.
Nachdem beim abendlichen Partnerkampf beide ihrem Herzen Luft gemacht und den anderen gründlich beschimpft haben, fällt er todmüde wieder auf das Sofa und zappt sich durch die Programme, während sie früh zu Bett geht und sich in ein Buch vergräbt. Für gemeinsame Gespräche, für Zärtlichkeiten im Bett bleibt weder Zeit noch Lust. Die Wochenenden verbringt Herr Fuchs zum Ausgleich mit Sport, Frau Fuchs dagegen ist wieder frustriert für die Kinder da, und der Teufelskreis von Abwertungen und Vorwürfen dreht sich weiter. Dazwischen tobt der Geschwisterkampf.

Wichtig zu wissen

Viele psychologische Untersuchungen belegen, dass die Zufriedenheit in der Partnerschaft mit der Familiengründung sinkt. Nach der Geburt des ersten Kindes steckt einer der beiden Partner häufig beruflich zurück, hört vielleicht auch eine Zeit lang ganz zu arbeiten auf. Meistens sind es immer noch die Frauen, die die Kindererziehung übernehmen und sich um den Haushalt kümmern. Der Mann trägt dann die Last des Familieneinkommens und bleibt Vollzeit in seinem Beruf. Nur wenigen Paaren gelingt es in einem mit Kinderbetreuungseinrichtungen unterversorgten Land von Anfang an, sich die Aufgaben in Kindererziehung und Haushalt zu teilen. Oft ist ein solches Arrangement organisatorisch einfach nicht machbar. Heimlich schleichen sich die alten Rollenbilder und -vorstellungen in die früher oft so gleichberechtigte Partnerschaft ein. Wie konnte es bei unserem Paar zu einer so desolaten Paar- und Erziehungssituation kommen?

So geht es anderen

Rückblende: Carolin und Manuel führten eine glückliche Beziehung und haben sich nach langen Gesprächen vor der Geburt ihres ältesten Sohnes Sebastian darauf geeinigt, dass sie zunächst einmal zu Hause bleiben wird und er für das Familieneinkommen zuständig ist. Doch was ist aus dieser »vernünftigen« Verabredung geworden? Herr Fuchs liebt seinen Beruf und arbeitet ehrgeizig an seiner Karriere. Das ist schließlich auch seine Aufgabe, denn er ist für die Sicherung des Familieneinkommens zuständig. Zeit und Energie für seine Familie und die Partnerschaft bleibt wenig übrig. Frau Fuchs dagegen hat sich nach anfänglichen Schwierigkeiten auf ihre Rolle als Hausfrau und Mutter eingelassen. In ihrem Beruf war sie sehr erfolgreich, und es fiel ihr nicht leicht, sich davon zu trennen. Mit der Geburt des zweiten Sohnes geriet sie immer mehr in eine persönliche Krise. Die berufliche Abwechslung und die

Anerkennung vermisste sie sehr, die Kindererziehung dagegen erwies sich als schwierige und erschöpfende Aufgabe, verbunden mit Abwertung und Schuldgefühlen. Mittlerweile fühlt sie sich hilflos, und, wenn ihre beiden Söhne wieder aufeinander losgehen, auch als Versagerin auf dem Feld der glücklichen Ehefrau und Mutter. Dazu kommt, dass sie insgeheim eifersüchtig auf den beruflichen Erfolg ihres Mannes ist. Die Anerkennung, die sie sich so dringend von ihm erhofft, bleibt aus. Stattdessen spürt sie seinen kritischen Blick beim Anblick ihres mürrischen Gesichts. In solchen Augenblicken drohen Wut und Verzweiflung sie zu überschwemmen.

Wichtig zu wissen

Für das Gelingen einer glücklichen Partnerschaft ist nicht ausschlaggebend, wie die Partner sich die Aufgaben innerhalb der Familie aufgeteilt haben. Entscheidend für das häusliche Glück ist, wie lebendig die beiden Partner ihre Beziehung zueinander gestalten. Sich für den Lebensbereich und die Erlebnisse des anderen ernsthaft zu interessieren, den Partner als Person ernst zu nehmen und wertzuschätzen, sich bewusst Zeit füreinander »freizuschaufeln«, einander bei Gesprächen aufmerksam zuzuhören – das ist maßgebend für die Qualität in unseren Beziehungen. Gegenseitige Anerkennung und Wertschätzung sind die Essenz glücklicher Partnerschaften.

Gerade wenn sich die Lebenswelten nur noch wenig überschneiden, wie das der Fall ist, wenn ein Partner den häuslichen Bereich übernimmt und der andere Partner voll im beruflichen Alltag steht, ist es besonders wichtig, sich gegenseitig zu informieren und über die eigenen Erfahrungen auszutauschen. Nur so bleibt Lebendigkeit und Verständnis in der Beziehung erhalten. Partner, die sich aus Enttäuschung und Verletztheit heraus immer mehr zurückziehen und zunehmend weniger miteinander kommunizieren, geraten zwangsläufig in einen gefährlichen Teufelskreis. Je weniger sie sich dem anderen mitteilen, ihn über ihre Erwartungen und Sehnsüchte informieren, desto mehr wächst das gegenseitige Unverständnis. Der Partner weiß immer weniger über den anderen Bescheid und kann dessen Wünsche und Erwartungen aus Unwissenheit oft immer schlechter erfüllen. Enttäuschung und Verletzung wachsen, der Teufelskreis ist in voller Fahrt.

Wir möchten Sie nun einladen, mit viel Liebe und Aufmerksamkeit an die Pflege Ihres Paarzimmers zu gehen. Fegen Sie Missstimmungen und Unverständnis hinaus und machen Sie Platz für gegenseitige Wertschätzung und Anerkennung. Es ist genau diese achtsame Pflege des Paarzimmers, die den Geschwistern die Luft zum Atmen im Kinderzimmer lässt.

Pflegetipps für das Paarzimmer

Praxis-tipps

Überlegen Sie:

- Wann haben Sie sich das letzte Mal bewusst Zeit füreinander genommen?
- Wann haben Sie einander interessiert zugehört?
- Wann haben Sie Ihrem Partner Ihre tiefsten Wünsche und Sehnsüchte mitgeteilt?
- Vor Monaten? Vor Jahren? Noch nie?

Es wird vielleicht höchste Zeit für einen gemütlichen Abend zu zweit.

Ein klärendes Gespräch

Unser »schöner Abend«

Dieser Abend gehört nur Ihnen! Hier treffen Sie sich als Mann und Frau, auf gar keinen Fall als Mutter und Vater. Deshalb sind auch alle Gespräche verboten, die sich um die Kinder, deren Probleme und Erziehung sowie Familienorganisatorisches drehen. Berufliches, soweit es nicht Ihre eigene Person in ihrer Entwicklung betrifft, und Verwandtschaft sind als Themen auch tabu. Wenn Sie jetzt folgende Gedanken hatten: »Oh je, über was sprechen wir dann?«, sollten Sie unbedingt weiterlesen, den nächsten gemeinsamen Abend möglichst schnell planen und andere Pflichten zur Seite schieben.

Erlaubte Gesprächsthemen sind:

- Gemeinsame Urlaubspläne
- Neue Lebenserkenntnisse und Ideen
- Persönliche Wünsche und Vorstellungen
- Ihre Vergangenheit, Kindheitserlebnisse
- Und natürlich alles, was Ihnen an Ihrem Partner gefällt

Manche Partner haben jedoch ihr gemeinsames Paarzimmer schon lange nicht mehr bewusst betreten. Konflikte und gegenseitige Verletzungen haben sich angesammelt und können einen harmonischen Abend zu zweit verhindern. Glück und Zufriedenheit lassen sich nicht herbeizwingen. In solchen Fällen ist es sicherlich besser, sich zunächst Zeit zu nehmen und sich dem anderen bewusst und behutsam mitzuteilen. Konflikte, die im Untergrund schwelen, können, wenn sie lange Zeit nicht beachtet werden, einen Hausbrand entfachen. Nehmen Sie sich einen Abend Zeit, um gemeinsam zu beginnen, den Berg aus gegenseitigen Vorwürfen und Schuldzuweisungen langsam Schritt für Schritt aus Ihrem Paarzimmer abzutragen.

Praxis-tipps

Das Konfliktgespräch – ein reinigendes Ritual für den Abend

Ein Konfliktgespräch kann produktiv geführt werden und klärende und erleichternde Wirkung haben. Es kann aber auch das Gegenteil bewirken und die Schwierigkeiten in der Partnerschaft noch erheblich verschärfen. Die Angst vor der Beziehungskatastrophe im unbarmherzigen Scheinwerferlicht hindert uns oft lange Zeit, das ungemütliche Paarzimmer aufzusuchen. Wir wollen Ihnen Mut machen! Im dritten Kapitel haben Sie bereits die Mediation in Konfliktgesprächen mit Geschwistern trainiert. Das meiste davon können Sie auf Konfliktgespräche zwischen Erwachsenen übertragen.
Für ein effektives und klärendes Gespräch zwischen Partnern gelten folgende Grundsätze:

① Treffen Sie sich an einem ruhigen Ort. Versuchen Sie Störungen von außen im Vorfeld zu vermeiden. Ein gemeinsamer Spaziergang ermöglicht oft ruhige und tiefgehende Gespräche.
② Legen Sie sich auf ein Thema fest, das Sie besprechen möchten! Eine große Kommunikationsfalle ist, von einem Problem zum anderen zu springen und sich in gegenseitigen Vorwürfen zu verstricken. Vom Hundertsten zum Tausendsten zu kommen, hat noch keinen Konflikt sinnvoll gelöst.
③ Bereiten Sie das Gespräch zunächst für sich selbst vor. Machen Sie sich Gedanken über Ihre Wünsche und Vorstellungen. Spüren Sie für sich nach, was Sie verletzt und enttäuscht hat. Überlegen Sie sich mögliche Lösungen. Hilfreich kann die Frage sein: Was wünsche ich mir?
④ Versuchen Sie, in der Giraffensprache miteinander zu reden. Sprechen Sie von sich und teilen Sie dem an-

deren Ihre Wünsche, Bedürfnisse und Erwartungen mit. Vermeiden Sie Anklagen und Beschuldigungen in der Du-Form.

⑤ Sprechen Sie mutig über Ihre Gefühle, auch negative Gefühle haben hier ihren berechtigten Platz. Dies ermöglicht zuweilen ein offenes und klärendes Gespräch.

⑥ Versuchen Sie möglichst konkret zu bleiben. Verallgemeinerungen verwirren und sind meist kontraproduktiv.

⑦ Versuchen Sie, dem anderen bewusst zuzuhören, und wetzen Sie nicht stattdessen »die Messer« in Ihrem Kopf. Auch beim Zuhören ist es ratsam, die eigenen Gefühle zu zeigen.

Manchmal ist das gemeinsame Paarzimmer schon zu lange verwaist. Die darin ruhenden alten Verletzungen und Vorwürfe türmen sich als nicht mehr zu bewältigender Riesenberg und ein gemeinsamer Abend ist schon im Voraus zum Scheitern verurteilt. In diesem Fall raten wir Ihnen dringend, sich Hilfe von außen zu holen. Oft kann eine neutrale dritte Person helfen, das Gespräch zwischen Partnern wieder in Gang zu bringen und zu steuern. Unterstützung finden Sie bei Beratungsstellen und Paartherapeuten.

Während die Eltern noch streiten, wer wann für die Kinder da ist und wer welche Aufgaben übernimmt, nehmen sie ihren Kindern das, was diese am dringendsten bräuchten: zufriedene und glückliche Eltern, die liebevoll miteinander umgehen. Wenn Sie mit Ihren Kindern allein und ohne Partner oder Partnerin leben, dann geht es vor allem darum, dass deren abwesender Vater oder abwesende Mutter einen guten Platz in Gedanken der Kinder haben darf, auch wenn Sie wenig Erfreuliches miteinander erlebt haben. Manchmal sind solche Zeiten, in denen Kinder und Beruf im Vordergrund stehen, gute Zeiten, um alte Verletzungen in einer unterstützenden therapeutischen Begleitung aufzuarbeiten und sich selbst ein wenig besser kennen zu lernen. Im Abschnitt über die Pflege des Elternzimmers werden wir zur Patchworkfamilie noch mehr sagen.

Starke Eltern betreten das Kinderzimmer nur in Notzeiten

Was die Aufräumarbeiten im Kinderzimmer betrifft, können Sie sich erst einmal entspannt zurücklehnen.

So geht es anderen

Erinnern Sie sich noch an Lea und Laura? Auch wenn die beiden Schwestern sehr viel miteinander streiten, im Kinderzimmer finden auch immer wieder intensive, schöne Augenblicke für die beiden statt. Dieser Raum ist der Ort, an dem die beiden Mädchen oft stundenlang gemeinsam miteinander spielen und sich Geheimnisse anvertrauen, von denen die Eltern nichts wissen sollen. Hier rücken die Geschwister eng zusammen, wenn Mama und Papa sich streiten. Hier erleben sie emotionale Wärme und erfahren sich als Person im Spiegel der anderen. Im Kinderzimmer lernen die beiden Mädchen auch, sich gegenseitig abzugrenzen und miteinander Konflikte auszutragen.

Wichtig zu wissen

Das Kinderzimmer ist der Raum der Kinder! Eltern sollten hier nur eingreifen, wenn sie befürchten, ihre Kinder sehen vor lauter Chaos kein Land mehr und brauchen Hilfe von den Erwachsenen. Ein Mitmischen im Kinderzimmer birgt die Gefahr, dass Eltern sich in die Beziehungsgestaltung der Geschwister dirigierend einmischen durch Vergleichen, durch Würdigung des petzenden Kindes, durch Fällen von Richtersprüchen im Streit oder dadurch, dass sie auch ein Kind ins Paarzimmer entführen, wie wir Ihnen das in der Szene zur Situation der Erstgeborenen am Beispiel von Michael vorführten (S. 17). Möglichkeiten für dieses Öffnen der Kinderzimmertüre haben Sie dagegen in den vorangegangenen Kapiteln in Fülle geübt.

So bleibt uns also nur noch, Sie einzuladen, die Pflege des Kinderzimmers bewusst Ihren Kindern zu überlassen, dort nur aufzutauchen, wenn die Kinder die Ordnung nicht mehr alleine herstellen können, und sich in der »freien Zeit« auf die anderen Zimmer zu konzentrieren. Als Nächstes ist das Elternzimmer an der Reihe, das eine Menge Ihrer psychischen Energie beansprucht.

Im Elternzimmer wird der gemeinsame Erziehungsstil ausgehandelt

Was Kinder verstört

Wenn es Eltern nicht gelingt, einen gemeinsamen Erziehungsstil auszuhandeln, geraten Kinder entweder in Loyalitätskonflikte oder aber sie versuchen, sich dem Elternteil anzuschließen, der ihnen die wenigsten Frustrationen zumutet. In jedem Fall sind Kinder dann verwirrt und geraten unter gewaltigen Stress.

So geht es anderen

Der siebenjährige Daniel ist in die Beratungsstelle gekommen, weil er in seinen schulischen Leistungen zusehends absinkt. Die Lehrerin sieht mit großer Besorgnis, dass sich Daniel immer mehr zurückzieht und sich kaum mehr am Unterricht beteiligt. Zu Hause ist er unausstehlich. Es brodelt gewaltig in ihm, und sein Ventil ist seine kleine Schwester, mit der er sich ständig in den Haaren liegt.

In der Sitzung allein mit Daniel wird deutlich, dass er sehr unter den täglichen Streitereien seiner Eltern leidet. Auf die Frage, was das Wichtigste für ihn sei, antwortet er: »Das Wichtigste ist, dass es Mama und Papa gut geht und dass sie sich mögen!« Seine größte Sorge ist, »dass sich meine Eltern trennen«.

Sehr verwirrend für Daniel ist, dass sich seine Eltern in Erziehungsfragen selten einig sind. Bei seiner Mutter gelten völlig andere Regeln als bei seinem Vater. Dieser sei sehr streng und kontrolliere abends immer die Hausaufgaben. Wenn Daniel mal eine dieser Pflichten

für die Schule vergessen hat, verteidigt die Mutter ihn gegen den Vater. »Lass ihn halt!« ist der Satz, der in solchen Situationen fällt. »Morgen ist auch noch ein Tag!«

Wichtig zu wissen

Kinder brauchen Eltern, die ihnen eine klare Linie aufzeigen und sie auf diese Weise »das Leben lehren«. Eltern stellen durch ihr Verhalten das tägliche Modell dar, das Kinder verinnerlichen. Ihre Seele wird genährt durch ein harmonisches Zusammenleben der Eltern. Hier erleben Kinder zum ersten Mal, wie Menschen miteinander in Beziehungen umgehen. Sie beobachten ihre Eltern und erfahren unmittelbar, wie Mann und Frau miteinander leben. Wenn Eltern sich gegenseitig mit Respekt und Toleranz begegnen, dann übernehmen die Kinder dieses Verhalten. Kinder lernen Verhalten durch Beobachten, und sie imitieren das Gesehene und Gehörte. Sind sich beide Eltern in den entscheidenden Erziehungsvorstellungen einig und treten ihren Kindern als Team gegenüber, dann zeigen sie ihnen eine klare Richtung auf, an der sich die Kinder orientieren können. Kinder brauchen Struktur und Klarheit darüber, was richtig und was falsch ist, um sich entwickeln zu können. Je deutlicher Ihre Botschaft als Eltern an das Kind ist, desto sicherer wird es sich fühlen. Und Sicherheit gehört, wie wir bereits gelernt haben, zu den Grundbedürfnissen von Kindern.

Eigene Erziehungsideale mit der Lupe betrachten

Bevor Sie als Eltern ein gut eingespieltes Team werden können, ist es unerlässlich, dass Sie sich zuerst mit Ihren persönlichen Vorstellungen von Erziehung auseinander setzen.

So geht es anderen

Frau Rieder hat eine Schwester und einen Bruder. In ihrer Kindheit hörte sie folgende Botschaft: »Geschwister halten wie Pech und Schwefel zusammen!« Nach diesem Motto verhielten sich ihre Geschwister auch. Auf dem Spielplatz konnte sie sich immer auf ihren großen Bruder verlassen und auch mit ihrer Schwester verstand sie sich meist gut. Wenn sie heute ihre zwei Kinder, den achtjährigen Jonas und die zehnjährige Lisa, in ihren Streitereien erlebt, dann hört sie als innere Stimme immer wieder: »Geschwister halten wie Pech und Schwefel zusammen!« Da steigen dann gewaltige Ängste in ihr auf, als Mutter alles falsch gemacht zu haben. Aus Enttäuschung und Hilflosigkeit brüllt sie ihre Kinder an, und die Stimmung in der Familie hat inzwischen sehr gelitten.

Wichtig zu wissen

Von den Botschaften und Glaubenssätzen aus unserer Ursprungsfamilie, wie wir sie im ersten Kapitel kennen gelernt haben, wird nicht nur der Blick auf unsere Kinder, sondern auch unser Erziehungsstil entscheidend beeinflusst. Und auch die eigenen Kindheitserfahrungen und die selbst erlebte Erziehung wirken sich auf den Umgang mit unseren Kindern aus. Konfliktlösungsmuster bilden sich im Laufe der Kindheit heraus. Wir haben sie meist von unseren Eltern übernommen. Eltern, die selbst aus autoritär geführten Familien stammen, erziehen ihre Kinder oft auch autoritär. Mütter und Väter, die in sehr demokratischen und offenen Familien aufwuchsen, geben diese Ideen auch an ihre eigenen Kinder weiter. Von unseren eigenen Eltern haben wir auch bestimmte Werte vermittelt bekommen, die wir als Erwachsene beibehalten. Von ihnen wird unser Glaube, unser Bedürfnis nach Sicherheit, unser Beziehungsleben, unsere Toleranz und unsere moralische Einstellung geprägt. Bei der Familiengründung treffen nun zwei Menschen mit mehr oder weniger unterschiedlichen Wertvorstellungen, Botschaften und Konfliktlösungsmustern aufeinander. Mit der Geburt unserer Kinder leben tief in uns verankerte Vorstellungen und Erlebnisse aus der eigenen Kindheit wieder auf. Wir durchleben schöne, aber auch belastende oder gar traumatische Situationen von früher mit unseren eigenen Kindern nochmals. Alte, verschüttete Ängste können plötzlich wieder Gestalt annehmen und unser aktuelles Verhalten unseren Kindern und unserem Partner gegenüber beeinflussen. Deshalb ist es so wichtig, dass Sie sich als Eltern mit ihrer beider Erfahrungen aus der je eigenen Kindheit auseinander setzen. Erst dann kann jeder für sich entscheiden, welche Werte und Botschaften er selbst an seine Kinder weitergeben möchte und welche auf keinen Fall. Partner, die sich gegenseitig die eigenen Kindheitserlebnisse mitteilen und offen über Ängste und alte Botschaften sprechen, haben die große Chance, voneinander zu lernen und gemeinsam an einem neuen Wertesystem zu arbeiten. Je besser Sie die Erziehungserfahrungen und Erziehungsvorstellungen Ihres Partners kennen, desto besser werden Sie sein Verhalten den Kindern gegenüber verstehen können.

Frühjahrsputz im Elternzimmer

Praxistipps

Wir möchten Sie daher ermutigen: Denken Sie über Ihre eigene Kindheit nach und sprechen Sie dann mit Ihrem Partner darüber. Solche Gespräche sind der Schlüssel für ein funktionsfähiges Elternteam.
Nehmen Sie sich zuerst etwas Zeit zum Nachdenken und holen Sie die alten Filmrollen aus dem Archiv. Manche haben Sie bereits im zweiten Kapitel angesehen.

- Was weiß ich über meine eigene Kindheit?
- An welche Geschichten über mich erinnere ich mich?
- Wie werde ich als Baby und Kleinkind beschrieben?
- Welche Eigenschaften wurden mir zugedacht?
- Wie erlebte ich meine Eltern?
- Wie erlebte ich meine Erziehung?
- Wie sind meine Eltern miteinander umgegangen?
- Welche Werte gab es in meiner Familie?
- Welche Werte sind mir heute noch wichtig? Welche nicht?
- Wie wurde mit Problemen und Konflikten in meiner Ursprungsfamilie umgegangen?
- Wer legte die Familienregeln fest und wer kontrollierte deren Einhalten?

Wenn Sie genug Filmmaterial aus Ihrer Kinderzeit gesammelt haben, wird es Zeit, sich mit Ihrem Partner zu treffen und einander Kindheitserlebnisse zu erzählen. Partner, die viel voneinander wissen, verstehen sich im Elternzimmer besser. Frühjahrsputz im Elternzimmer heißt zum einen, die eigene Kindheit zu reflektieren und einander mitzuteilen, heißt zum anderen aber auch, mit diesem Hintergrundwissen einen gemeinsamen Erziehungsstil zu entwerfen. Sprechen Sie über Ihre Kinder und nehmen Sie sich bewusst Zeit, um über wichtige

Entscheidungen zu reden: Was ist uns beiden wichtig für jedes unserer Kinder? Dazu gehören Beobachtungen über die derzeitige Entwicklung Ihrer Kinder, schulische Themen, Absprachen über Freizeitgestaltung, die Einführung neuer Regeln (z.B. Fernsehen und Computer, Hausaufgaben, zu Bett gehen, Taschengeld ...) und natürlich das Verhältnis der Geschwister untereinander: Was regeln die Kinder allein? Wo unterstützen sie sich? Wo brauchen sie unsere Hilfe? Handeln Sie aus, wer sich bei wem engagiert, aber auch wer von Ihnen beiden vielleicht Entlastung braucht.

Pflegehinweise für das Elternzimmer in »Patchwork-Wohnungen«

Viele Kinder wachsen heute nicht in der traditionellen Familie mit Vater, Mutter und Kind oder Kindern auf, sondern sie leben in den unterschiedlichsten Familienkonstellationen, v.a. in so genannten Patchworkfamilien. Kinder von allein erziehenden Eltern zum Beispiel leben in ganz anderen Familienhäusern als Kinder, die mit beiden Elternteilen eine Familienwohnung teilen. Manche Familien haben ein gleichgeschlechtliches Elternpaar. In manchen Familienhäusern werden auch die Räume nach einer Trennung der Eltern völlig umgestaltet. Andere Familienwohnungen dagegen sind von vornherein anders konzipiert und beinhalten statt des Elternzimmers nur ein Mutter- oder Vaterzimmer und noch ein Gästezimmer oder auch ein Kinderzimmer, das vielleicht in der Woche von einem und am Wochenende von mehreren Kindern bewohnt wird.

So geht es anderen

Lisa wächst zusammen mit ihrem Bruder Jan bei ihrer Mutter, Frau Hassold, auf. Kurz nach der Geburt des kleinen Bruders trennten sich die Eltern. Bei der Scheidung passierten so viele Verletzungen, dass die Mutter den Kontakt zum Vater zunächst vermied. Herr Hassold zog aus beruflichen Gründen in eine andere Stadt und sah seine Kinder über längere Zeit nicht.

Nach zwei Jahren lernte Frau Hassold ihren neuen Lebensgefährten kennen. Dieser verstand sich anfangs sehr gut mit den Kindern und zog bald in das Familienhaus ein. Er war viel im Paarzimmer zu finden, nahm aber auch zunehmend die anderen Räume in Besitz. Bald lebte er auch im Elternzimmer und in den Gemeinschaftsräumen. Für die Kinder übernahm er immer mehr die Vaterrolle. Frau Hassold war froh, einen Ersatz für ihren Exmann gefunden zu haben: endlich wieder ein richtiger »Vater« im Haus! Nur die Kinder erwiesen sich immer häufiger als »undankbar«. Sie reagierten ablehnend auf ihren neuen »Papa«, ließen sich von ihm nichts sagen, und bei seinen Erziehungsbemühungen hörte er oft: »Hau ab, du bist nicht unser Vater!« Lisa und Jan wurden schließlich beide in der Schule auffällig. Lisas schulische Leistungen verschlechterten sich drastisch, Jan fiel durch Raufereien und Petzen auf. Erst in eindringlichen Gesprächen mit Frau Hassold und ihrem Lebensgefährten konnte die Situation geklärt und Erleichterung für alle geschaffen werden.

Wichtig zu wissen

Jede Familie, insbesondere aber die Patchworkfamilie, stellt ein sensibles Netz von Beziehungen dar. Es gibt Grundregeln für das Familienhaus, die das Zusammenleben der einzelnen Bewohner erheblich erleichtern. Dazu

Wenn Familien sich verändern

gehört, dass die Rollen innerhalb der Familie klar verteilt sein müssen, sonst verliert das System an Halt. Die Elternrolle liegt dabei in der Hand des bzw. der Erziehungsberechtigten der Kinder. Für die Kinder muss Klarheit darüber herrschen, wer diese Rolle übernimmt. Auch wenn Paare sich trennen und ein neuer Partner oder eine neue Partnerin in das Paarzimmer zieht, verliert der leibliche Elternteil nicht an Wichtigkeit. Der Papa bleibt der Papa, und die Mama bleibt die Mama. Sie können nicht einfach ersetzt werden. Die leiblichen Eltern werden im Leben der Kinder immer eine tragende Rolle spielen, auch wenn ein neuer Stiefvater oder eine Stiefmutter, wir sprechen lieber von Pflegevater und Pflegemutter, im Alltag der Kinder präsent ist und die Erziehung mitbestimmt. Kinder wollen ihre leiblichen Eltern lieben, schließlich tragen sie selbst einen Teil von ihnen in sich und identifizieren sich mit diesem.

Kinder nicht in Loyalitätskonflikte stürzen.

Wenn Kinder zum Spielball im Trennungskampf werden, hat das gravierende Folgen für deren psychische Entwicklung. Schuldgefühle, Ängste, Schulleistungsversagen, Depressionen und Verhaltensauffälligkeiten anderer Art sind mögliche Auswirkungen. Wird der Vater oder die Mutter der Kinder abgelehnt oder verurteilt, wird auch gleichzeitig der Persönlichkeitsanteil im Kind angegriffen und abgelehnt, den das Kind von ihm oder ihr in sich trägt. Kinder müssen ihre leiblichen Eltern lieben dürfen, um auch deren Anteil in sich selbst lieben zu können. Wenn sie beide Elternteile wertschätzen und akzeptieren, können sie ein stabiles Selbstwertgefühl entwickeln und brauchen sich für die Zwistigkeiten zwischen ihren Eltern nicht schuldig fühlen. Taucht plötzlich ein »neuer Vater« oder eine »neue Mutter« auf und versucht die Elternrolle im Ganzen zu übernehmen, geraten Kinder oft in beklemmende Loyalitätskonflikte. Einerseits mögen sie vielleicht den neuen Lebenspartner und freuen sich über die neue Familiensituation, andererseits sind sie eng mit ihrem abwesenden Elternteil verbunden und wollen diesem die Treue halten. In den meisten Fällen zieht der neue Partner den Kürzeren und wird von den Kindern schließlich immer weniger akzeptiert. Noch schwieriger wird es, wenn Lebenspartner der Eltern häufig wechseln. Kinder lernen dann schnell, dass sie sich nicht zu sehr auf einen neuen Ersatz einlassen dürfen, weil dieser in der Regel nach kurzer Zeit das Familienhaus wieder verlassen wird und jedes Verlassenwerden wehtut. Vorschriften und Erziehungsangebote werden dann heftig attackiert.

Wie funktioniert Zusammenleben innerhalb eines Patchwork-Hauses?

Unter welchen Bedingungen kann es Stiefgeschwistern gelingen, füreinander wichtig zu werden?

① Frühere Partner von Vater oder Mutter müssen als leibliche Eltern der Kinder gewürdigt werden und ihren festen Platz im Herzen der Kinder behalten dürfen.

② Neue Partner beziehen das Paarzimmer, das Elternzimmer ist für sie tabu, denn sie dürfen nicht sofort in den »Familienpott« integriert werden. Für sie ist die Rolle des Familienfreundes bzw. der Familienfreundin bestimmt, und Erziehungsaufgaben liegen allein in der Hand des leiblichen Elternteils. Das gilt vor allem auch dann, wenn Halbgeschwister im Familienhaus leben. Wenn sich ein neuer Lebenspartner sensibel den Kindern gegenüber verhält und nicht versucht, den fehlenden leiblichen Elternteil zu ersetzen, wird er es leichter haben, von den Kindern akzeptiert zu werden.

③ Die Kinder haben Anspruch auf Zeit, die sie nur mit ihrem leiblichen Elternteil verbringen, und auf die Erhaltung ihrer gewohnten Familienrituale.

Adoption

Bei adoptierten Geschwistern bleiben die Leitziele für ihre gedeihliche Erziehung ähnlich. Die Erziehungsverantwortung liegt einzig in der Hand der Pflegeeltern, die Würdigung der leiblichen Eltern findet viele Jahre nur »im Herzen«, also in der Phantasie statt. Wir möchten noch einmal betonen:
Auch wenn die Wertschätzung der leiblichen Eltern bei Adoptivkindern sich nicht Auge in Auge vollzieht, so ist sie dennoch von entscheidender Bedeutung für die Entwicklung dieser Kinder. Bei sehr verletzten Adoptivkindern findet Heilung oft erst dann statt, wenn das Kind weiß: Meine Mutter, mein Vater haben mich weggegeben, nicht weil ich nichts wert war, sondern weil sie in einer Notlage waren und das Beste für mich wollten. Die Suche nach den Wurzeln in der Pubertät kann bei Kindern existenziell werden. Das führt uns zum nächsten Thema.
Dramatisch kann sich die Situation auch gestalten, wenn leibliche Elternteile nie das Familienhaus bewohnt haben, also im Leben der Kinder nur in der Phantasie in Erscheinung getreten sind.

So geht es anderen

Die zwölfjährige Josephine und die sechsjährige Anna leben bei ihrer Mutter. Jedes Kind stammt von einem anderen Vater. Josephines Vater kannte die Mutter selbst kaum. Sie lernte ihn im Urlaub kennen, und als sie wieder zu Hause war, stellte sie fest, dass sie

schwanger war. Sie hatte seine Adresse nicht und konnte keinen Kontakt herstellen. Mit Annas Vater hatte die Mutter eine einjährige Beziehung. Kurz nach der Geburt trennten sie sich, weil er eine andere Frau kennen gelernt hatte. Die Mädchen wissen nichts über ihre Väter, und sie wissen nicht einmal, dass sie Halbschwestern sind. Auf Fragen nach ihrer Herkunft reagiert die Mutter aus Scham ungehalten und schweigt. Josephine, inzwischen mit dem Thema der Pubertät: Wer bin ich? beschäftigt, leidet sehr unter der Situation und macht der Mutter immer heftigere Vorwürfe. Die Mutter-Tochter-Beziehung droht unter dem Tabuthema »Vater« zu zerbrechen.
In sehr berührenden Gesprächen mit Josephine und ihrer Mutter durfte Frau Sefried ihre Scham äußern, aber Josephine auch von den »wundervollen Urlaubstagen« mit deren Vater erzählen und von ihrem Glück, dass Josephine und Anna ihre Töchter sind.

Wichtig zu wissen

Um zu wissen, wohin man geht, muss man wissen, woher man kommt. Das ist für Halbgeschwister oder Kinder, die durch eine Adoption zu Geschwistern geworden sind, ein zentrales Thema. Ein Kind, das seine Geschichte nicht kennt, hat große Schwierigkeiten, sich zu entwickeln. Es wird viel Zeit mit der Suche nach seinen Wurzeln verbringen und die Lücken in seinem Selbstbild zu schließen versuchen. Elternteile, die das Wissen über den anderen Part verheimlichen, verhalten sich ihren Kindern gegenüber nicht fair, auch wenn die Gründe dafür verständlich sind. Verletzungen und nicht aufgearbeitete Paarkonflikte schmerzen oft zu sehr, um zulassen zu können, dass der andere leibliche Elternteil eine wichtige Rolle im Leben des Kindes spielt. In einem solchen Fall kann therapeutische Begleitung helfen, die alten Wunden zu heilen.

Eine Brücke in die Vergangenheit

Praxistipps

Manchmal können alte Fotoalben, Filmaufnahmen oder Briefe helfen, eine Brücke in die Vergangenheit zu schlagen. Schauen Sie sich gemeinsam ein altes Album an und versuchen Sie, Ihre Kinder an Ihrer Vergangenheit teilhaben zu lassen, die auch die ihre ist. Alles, was Sie positiv über die abwesende Mutter oder den Vater berichten können, hilft Ihren Kindern. Dies ist mit Sicherheit eine der schwierigsten Übungen und kostet viel Kraft. Aber der Erfolg lohnt sich wie bei dem elfjährigen Sven, dessen allein erziehende Mutter nach vielen Gesprächen an der Beratungsstelle schließlich das Gitarrenspiel ihres Sohnes mit den Worten kommentierte: »Dein Vater war auch so musikalisch wie du, er konnte wunderbar Saxophon spielen!«

Haben Sie Ihr Elternzimmer gesäubert und verschönt? Dann laden wir Sie ein, sich an Ihr eigenes Zimmer zu machen. In Anspruch genommen durch Sorgen und den täglichen Kleinkram vergessen viele Eltern dieses (auch hier wieder symbolisch gemeinte) Zimmer allzu oft. Manchmal wird es wochenlang nicht mehr betreten, geschweige denn bewohnt. Nur so mancher heimliche Seufzer erreicht dieses Zimmer in der Hektik des Familienalltags.

Die eigenen vier Wände – ein äußerer oder innerer Ort zum Auftanken

Wie lange ist es eigentlich schon her, dass Sie einen Tag ganz für sich alleine verbracht haben? Einen Tag, an dem Sie nur das taten, wozu Sie Lust hatten? Einen Tag, an dem Sie Freunde trafen, sich treiben ließen und alle Verantwortung zurücklassen konnten? Wenn Sie so einen Tag in der letzten Woche finden, dann überspringen Sie diesen Abschnitt. Wir gehen davon aus, dass Ihr Zimmer bereits gründlich gereinigt und geschmückt ist. Können Sie sich aber nicht erinnern, wann Sie das letzte Mal ausgiebig Zeit für sich hatten, dann helfen Ihnen unsere Vorschläge vielleicht weiter. Lassen Sie uns betrachten, wie eine beruflich erfolgreiche Mutter versucht, Beruf und Familie unter einen Hut zu bringen:

So geht es anderen

Julias Alltag ist arbeitsreich und stressig. Sie hat zwei Kinder im Alter von drei und sechs Jahren. Der Kleine geht seit kurzem in den Kindergarten, die ältere Schwester besucht die erste Klasse. Vormittags arbeitet Julia in ihrem alten Beruf als Rechtsanwältin. Bevor sie in die Kanzlei geht, weckt Julia unter Zeitnot zuweilen etwas unwirsch ihren Mann, macht Frühstück für alle, zieht den Kleinen an, schaut dazwischen ständig auf die große Uhr in der Küche, schickt die Große auf den Schulweg, küsst ihren Mann und bringt schließlich selbst den Kleinen in den Kindergarten. Mittags holt sie beide Kinder ab, wärmt schnell das Mittagessen, das sie am Vortag gekocht hat, auf. Nachmittags kümmert sie sich um Verenas Hausaufgaben,

räumt die Wohnung auf, kauft ein und fährt die Kinder zu ihren verschiedenen Freizeitaktivitäten. Abends kocht sie für ihren Mann und bringt die Kinder zu Bett. Endlich Ruhe, hofft sie. Doch es kommt meist anders. Eines der Kinder kann nicht schlafen und erscheint zum dritten Mal im Wohnzimmer. In der Küche läuft die Spülmaschine, und im Keller wartet eine Waschmaschinenladung darauf, aufgehängt zu werden. An den riesigen Bügelberg mag sie erst gar nicht denken. »Das erledige ich jetzt auch noch, was weg ist, ist weg!«, seufzt sie erschöpft. Da ruft ihr Mann ...

Wichtig zu wissen

In Julias Alltag bleibt so gut wie keine Zeit mehr übrig für sich selbst. Oft wird sie von anderen Menschen für die Energie bewundert, mit der sie Beruf und Familie scheinbar perfekt bewältigt. Wie es »in ihr drinnen« aussieht, merken die wenigsten. Es gibt Tage, an denen fühlt sie sich vollkommen überfordert und ausgelaugt. Sie hat dann das Gefühl, dass ihr alles über den Kopf wächst und sie keine Kraft mehr hat. Aufgaben abgeben, Dinge liegen zu lassen, fällt ihr unendlich schwer. Sie übersieht im täglichen Geschäft, dass sie in eine Falle tappt. Indem sie völlig erschöpft auch die letzten Aufgaben selbst erledigt, verhindert sie die Erfahrung, wie es wäre, Haushaltsaufgaben einfach mal abzugeben bzw. nicht zu erledigen. In ihrem Innersten hört sie die Botschaft: »Ich bin nur dann liebenswert, wenn ich alle Aufgaben perfekt erledige!« Die Erfahrung, dass andere sie genauso lieben und schätzen, wenn sie nicht alles perfekt macht, wird sie auf diese Weise nicht machen. Haben Sie sich in Julia wiedergefunden? Dann wagen Sie doch folgende Übung:

Praxis-tipps

Entlastung schaffen

Nehmen Sie sich etwas Zeit und überlegen Sie sich:

- Welche Dinge kosten mich viel Zeit und Kraft?
- Welche meiner Aufgaben hindern mich am meisten, mehr für mich zu tun?

Haben Sie die Liste fertig? Dann öffnen Sie dem Aufräumdienst die Tür. Versuchen Sie folgende Fragen zu beantworten:

- Welche Dinge kann ich beruhigt an andere abtreten?
- Wem kann ich sie übertragen?
- Wann werde ich das tun?
- Was werde ich dafür für mich tun?

So geht es anderen

Julia hat mittlerweile eine Haushaltshilfe, die ihr vor allem das Saubermachen abnimmt. Sie bügelt nur noch das Nötigste und hat sich auf Großeinkäufe spezialisiert. Den Kindern hat sie kleinere Aufgaben im Haushalt übertragen, worauf diese richtig stolz sind, und am Samstag passt ihr Mann vormittags auf die Kleinen auf, damit Julia ins Fitnessstudio gehen kann. Die Kinder lieben die »Papa-Zeit«, in der mehr und anders gespielt wird als mit der Mama. Julia nutzt die geschaffenen Löcher im Zeitbudget bewusst, um zu lesen oder sich mit Freundinnen zu treffen. Ab und zu leisten ihr Mann und sie sich einen Babysitter und gehen gemeinsam aus. Und das alles ohne Schuldgefühle oder Versagensängste!

Finanzielle Gründe können solchen Lösungen entgegenstehen. Doch auch hier lohnt es sich, genau hinzuschauen. Wie viel wird monatlich wofür ausgegeben? Und was hat Priorität, was bringt wirklich einen Zuwachs an mehr Lebensqualität? Eine neue Anschaffung oder Entlastung und damit mehr Zufriedenheit der Mutter?

Wichtig ist auch hier, den Zusammenhang zwischen inneren Botschaften, die unseren »inneren Antreiber« dirigieren, und dem Freiraum in den eigenen vier Wänden zu erkennen. Auf die Suche nach solchen Botschaften haben wir Sie schon geschickt. Den Zusammenhang mit Ihrer persönlichen Zeit für sich möchten wir noch an zwei weiteren Beispielen erläutern:

Wie uns innere Botschaften unter Druck setzen.

Innere Botschaft

»Ich selbst bin unwichtig. Nur wenn ich anderen helfe, bin ich nützlich!«

Aus dieser Botschaft resultiert die Auffassung, dass eine gute Mutter immer für ihre Kinder da ist und alles tun muss, diesem Auftrag gerecht zu werden, sonst verliert sie ihre Existenzberechtigung. Massive Schuldgefühle sind die Folge. Alle Konflikte zwischen den Kindern oder auch mit dem Partner resultieren dann scheinbar aus diesem Versagen.

Unser Tipp

Versuchen Sie für kurze Zeit loszulassen und die Geschwister abzugeben. Lassen Sie Ihre Kinder die Erfahrung machen, dass sie für eine begrenzte Zeit auch ohne die Mama oder den Papa zurechtkommen. Unternehmen Sie in dieser Zeit etwas nur für sich. Sie werden schnell merken, dass ein solches Handeln beiden Parteien gut tut.

Innere Botschaft
»Du bist zu nichts fähig, du schaffst nichts!«

Wer diese Botschaft in sich trägt, neigt dazu, Aufgaben und Erledigungen endlos vor sich herzuschieben. Die Zeit, die dadurch entstehen könnte, nützen dabei aber die wenigsten Menschen effektiv für sich. Ständig versperrt ihnen der unerledigte Aufgabenberg die Aussicht auf eigene Bedürfnisse und Freuden.

Unser Tipp
Machen Sie sich eine Liste mit den Erledigungen, die Sie als Gebirge vor sich sehen und die Sie schon durch diesen alles verdüsternden Ausblick lähmen. Legen Sie anschließend genaue Zeitpunkte fest, wann Sie diese Dinge erledigen. Vorsicht! Zu viele Punkte auf der Liste haben denselben Lähmungseffekt wie das Nichtstun. Genießen Sie das Gefühl, den Berg schrittweise abzutragen, und belohnen Sie sich anschließend mit Zeit für sich selbst, die Sie beruhigt genießen können.

Es gibt noch viele Botschaften, die daran hindern, uns bewusst Zeit für uns selbst zu nehmen. Wir möchten Sie aber ermuntern, darüber nachzudenken, was Sie davon abhält, einmal alles liegen und stehen zu lassen und das zu tun, was Sie schon lange einmal machen wollten. Das gilt übrigens für beide Elternteile, egal in welcher beruflichen Situation Sie stehen. Vielleicht hilft Ihnen folgender Gedanke, Ihre eigenen vier Wände gründlich zu pflegen: Kinder wünschen sich Eltern, die Persönlichkeit entwickeln, die eigene Interessen haben und auch ein Leben neben den Familienpflichten kennen. Sie wünschen sich Eltern, auf die sie stolz sein können. Eltern, die überhaupt nichts mehr für sich selbst tun, geraten in die Gefahr, in ihrer Persönlichkeitsentwicklung zu stagnieren. Irgendwann kommt der Zeitpunkt, da werden die Kinder selbständig, wollen ihr eigenes Leben leben und aus dem Familienhaus ausziehen. Haben Sie dann als Eltern Ihr eigenes Zimmer völlig vernachlässigt, wird es sehr schwer werden, es wieder wohnlich zu gestalten.

Hier unsere dringende Empfehlung: Pflegen Sie Ihre Hobbys und persönlichen Freundschaften, knüpfen Sie soziale Netze und sorgen Sie für Zeit, die Sie für sich nützen, in der Sie die Seele baumeln lassen können und wieder Kraft tanken. Klare Absprachen und bewusst eingeführte Familienregeln helfen Ihnen dabei, den nötigen Freiraum zu schaffen.

Das führt uns zur Gestaltung der Gemeinschaftsräume.

Über Ordnung und Freude im Gemeinschaftszimmer

Die Gemeinschaftsräume werden zur selben Zeit von vielen Personen mit sehr unterschiedlichen Bedürfnissen bewohnt. Für Ordnung und geregelte Abläufe zu sorgen, ist hier oberstes Gebot.

So geht es anderen

Heute ist wieder Chaostag bei Familie Struck. Jakob ist jetzt fünfeinhalb und macht beim Essen ein Riesentheater. Das Mittagessen zieht sich über eine Stunde hin. Jakob wird gefüttert und darf schließlich auf dem Schoß seiner Mutter sitzen. Ohne zusätzliche Ablenkung durch ein Bilderbuch weigert sich Jakob, überhaupt einen Bissen zu sich zu nehmen. Während Frau Struck noch mit Jakob beim Essen kämpft, quengelt Karlotta bereits, dass sie heute keine Hausaufgaben machen will. Mit dem Kommentar: »Du kümmerst dich eh nur um den Jakob!« stapft sie zum Telefon: »Ich mach jetzt was mit Tina aus!« Noch mit Jakob auf dem Schoß brüllt Frau Struck ihrer Tochter nach, sich sofort an die Hausaufgaben zu setzen. Karlotta aber hört sie nicht mehr, weil sie bereits mit Tina quatscht.

Der Nachmittag nimmt in gleicher Weise seinen Lauf. Endlose Diskussionen über die Hausaufgaben, das Fernsehprogramm, das Zu-Bett-Gehen schließen sich an. Am Abend sitzen Frau Struck und ihr Mann gemeinsam beim Essen, sie wollten sich endlich einmal Zeit füreinander nehmen. Frau Struck ist erschöpft und fühlt sich völlig mutlos. Jakob kommt noch dreimal aus seinem Zimmer und will nicht schlafen. Vom gemütlichen Abendessen kann keine Rede sein, und zu tiefe-

ren Gesprächen fühlt sich Frau Struck heute nicht mehr in der Lage.

Im Wissensteil wollen wir Ihnen am Beispiel der Eltern Struck und ihrer beiden Kinder verdeutlichen, was hier bei aller guten Absicht schief läuft.

Wichtig zu wissen

Feste Familienregeln erleichtern das Zusammenleben. Bei Familie Struck gibt es kaum Regeln, an die sich die Einzelnen halten müssen. Die meisten Abläufe werden jeden Tag von neuem ausgehandelt, neu diskutiert und dann häufig anders gestaltet. Es gibt weder klare Absprachen, wie das Mittagessen abzulaufen hat, noch kennt das Mädchen Hausaufgabenregeln. Ein Abendritual fehlt völlig, das den Kindern signalisiert, dass jetzt Schlafenszeit ist. Um das Familienleben harmonischer zu gestalten, wurde Herrn und Frau Struck in der Beratung empfohlen, sich mit ihren Kindern zusammenzusetzen und gemeinsam verbindliche Regeln zu besprechen:

Den Familienrat einberufen.

Die Familie Struck traf sich an einem Sonntagnachmittag und besprach zunächst eine Stresssituation: das gemeinsame Essen. Als Erstes erklärte die Mutter ihren Kindern, was sie ändern wollte, und äußerte ihre Wünsche. Dann war der Vater an der Reihe. Anschließend durften die Kinder ihre Meinung zu den Vorschlägen ihrer Eltern aussprechen. Der Vater führte Protokoll und notierte, was jeder sagte.

Folgende Regeln wurden im Familienrat erarbeitet:

- Alle Familienmitglieder bleiben auf ihrem Stuhl sitzen, bis der Letzte aufgegessen hat.
- Jakob isst mit seinem Besteck von seinem Teller und wird nicht mehr gefüttert.

- Die Eltern entscheiden, was auf den Tisch kommt.
- Die Kinder dürfen jeweils zwei Speisen nennen, die sie überhaupt nicht mögen. Frau Struck wird diese Abneigungen beim Kochen berücksichtigen.
- Wie viel Jakob isst, entscheidet er. Es gibt dann aber erst wieder bei der nächsten gemeinsamen Mahlzeit etwas zu essen.
- Ablenkungen wie Fernsehen oder Bilderbuch am Essenstisch werden abgeschafft. Die Familie möchte sich lieber gemeinsam unterhalten.

Alle Regeln wurden im Anschluss in Kurzform und versehen mit Bildsignalen für Jakob auf ein großes Plakat geschrieben und in der Küche aufgehängt. Jedes Familienmitglied unterschrieb feierlich und verpflichtete sich zu deren Einhaltung. Auch Jakob setzte stolz seinen Namenskrakel auf den Vertrag. Am nächsten Sonntag versammelte sich die Familie wieder am Küchentisch und besprach, wie es jedem mit den neuen Tischsitten ergangen ist. Manches wurde verändert: So erhielt Jakob einen neuen Platz am Tisch, und zwar zwischen Mutter und Vater, damit er von Karlotta nicht behelligt werden konnte. Und wenn jemand auf die Toilette musste, dann durfte die Aufstehensregel gebrochen werden. Die Mutter wollte sich bemühen, Jakob nicht ständig zum Essen zu ermahnen, ihre Ängste durfte sie jedoch jetzt Jakob mitteilen. Es war aber viel davon die Rede, wie viel schöner das gemeinsame Essen jetzt sei, und das war Lob für alle. Dann nahm die Familie ein neues Thema in Angriff: Fernsehen.

Wichtig zu wissen

Ein solcher Familienrat kann individuell gestaltet werden. Ursprünglich wurde er von Rudolf Dreikurs in jahrelanger Arbeit als Methode entwickelt, mit der das

Zusammenleben in Familien harmonischer und glücklicher ablaufen kann. Dahinter steht der Gedanke, Kinder, ihrem Alter entsprechend, in familiäre Entscheidungen einzubeziehen, ihnen ein Stück Verantwortung zu übertragen und ihnen gleichzeitig abzuverlangen, sich an die getroffenen Entscheidungen zu halten. Kinder machen die ersten Erfahrungen im Zusammenleben mit anderen innerhalb ihrer Familie. Sie lernen, wer sie selbst sind, sie spiegeln sich im Verhalten der Eltern und Geschwister und erfahren erste Regeln, wie Menschen miteinander umgehen. In einer Familienatmosphäre, in der sich die Familienmitglieder respektvoll begegnen und sich gegenseitig ernst nehmen und zuhören, lernt das Kind, dass es als vollwertiges Mitglied seinen Beitrag zur Gemeinschaft zu leisten hat. Kinder, die um die Aufmerksamkeit ihrer Eltern kämpfen müssen, fallen häufig in ihrem Verhalten auf, um gehört zu werden. So auch der kleine Jakob, der durch das tägliche Essenstheater mit den Ängsten seiner Mutter spielt und ihre uneingeschränkte Aufmerksamkeit erzwingt. Seine Schwester holte sich diese Zuwendung dann beim Hausaufgabenkampf. Beim Zu-Bett-Gehen war wiederum Jakob an der Reihe.

Ein weiterer Gedanke, der hinter der Methode des Familienrats steht, lautet: Kinder dürfen erleben, dass Eltern nicht unfehlbar sind und trotzdem der Boss im Familiensystem bleiben. Nur wenn Eltern gewillt sind, den Geschwistern zuzuhören und das zu achten, was ihnen die Kinder mitzuteilen haben, werden sie von ihren Kindern aufrichtig anerkannt. Eltern, die natürliche und logische Konsequenzen auf das Verhalten ihrer Kinder folgen lassen, brauchen weder extrem harte Strafen androhen noch dauernde Machtkämpfe ausstehen. Die Kinder werden aus den Folgen lernen und sich dennoch als gleichwertig in der Familie erleben. Sie werden in ihrem Handeln ernst genommen und nicht herablassend behandelt.

Der Familienrat

Klare Regeln vereinbaren.

Die Familienmitglieder treffen sich zu einem vereinbarten Zeitpunkt und gehen nach Regeln vor, auf die sie sich vorher geeinigt haben. Jedes Familienmitglied darf sprechen, ohne unterbrochen zu werden. Die Giraffensprache sollte als Gesprächsgrundlage für alle Familienmitglieder gelten (vgl. S. 117). Beleidigungen, Schuldzuweisungen und Rundum-Vorwürfe haben hier keinen Platz und werden sofort gestoppt.
Hilfreich für die Kinder ist, wenn zuweilen die Eltern das zusammenfassen, was sie gesagt haben. Sätze wie: »Habe ich dich richtig verstanden ... du meinst also ...« sind sinnvoll.
Jedes Familienmitglied ist gleichwertig und hat Stimmrecht. Am Ende der Besprechung sollten alle Familienmitglieder mit dem Ergebnis zufrieden sein. Dieses sollte zur Verdeutlichung als Vertrag aufgeschrieben werden und muss dann von allen »Ratsmitgliedern« feierlich unterzeichnet werden. Je größer der Anteil an Ideen und Vorschlägen der Kinder, desto besser werden sie sich daran halten.
Im Familienrat können alle Themen besprochen werden, für die auch Kinder Verantwortung übernehmen können. Ein gemeinsamer Ausflug kann genauso im Mittelpunkt stehen wie die Einführung neuer Familienregeln. Themen, welche die Eltern als Paar betreffen, gehören ins Paarzimmer.

Folgender Leitfaden kann Ihnen bei der Einführung von Familienregeln helfen:

- Was wollen wir ändern?
- Wo liegt das Problem?
- Warum ist es überhaupt ein Problem?
- Verbesserungsvorschläge?
- Wie kontrollieren wir unsere Vereinbarung?
- Welche Anreize und welche Konsequenzen brauchen wir?

Überlegen Sie sich jetzt, über welches Thema Sie innerhalb Ihrer Familie sprechen möchten. Suchen Sie anfangs nicht unbedingt das konfliktreichste Thema aus. Legen Sie einen Zeitpunkt fest, an dem alle Familienmitglieder Zeit haben, und klären Sie vorher die Gesprächsregeln. Gehen Sie systematisch vor. Jedes Familienmitglied muss zu dem Thema zu Wort kommen und gleichwertig behandelt werden. Versuchen Sie als Eltern Vorbild zu sein, hören Sie bewusst hin, was Ihnen Ihre Kinder zu sagen haben. Versichern Sie sich, dass Sie die Kinder auch wirklich verstanden haben, und beziehen Sie bei der Lösung auch die Vorschläge der Kinder mit ein. Lassen Sie sich auf das Experiment ein, vielleicht wird es schon bald ein fester Bestandteil innerhalb Ihrer Gemeinschaft.

Feste Rituale und Zeit für Zuwendung

Genau wie klar abgesprochene Regeln erleichtern feste Rituale das Zusammenleben innerhalb einer Familie. Allerdings führen zu viele Regeln oder zu komplizierte Rituale in die Irre. Wichtig ist, dass in der Familie Einigkeit darüber herrscht, welche Regeln für alle gelten, welche Regeln die Kinder betreffen und welche Rituale gewünscht werden.

Kinder lieben Rituale, sie geben ihnen Sicherheit und Halt. Besonders wichtig ist dabei die exakte Einhaltung des Ablaufs, was allerdings auch zu Schwierigkeiten führen kann. Hierzu ein Beispiel:

So geht es anderen

Rudi ist Patenonkel von Lara und Kathrin. An diesem Freitag hat er sich zum Babysitten bereit erklärt. Von den Eltern der Kinder wird er in das Abendritual eingewiesen. Zuerst wird ein gemeinsames Lied gesungen, dann dürfen die Kinder noch im Arm kuscheln und ein Bilderbuch ansehen. Anschließend legen sie sich ins Bett und decken sich zu. Dann wird noch verschiedenen Gegenständen im Zimmer gute Nacht gesagt, das Licht ausgemacht und im Dunkeln gebetet. Rudi hat sich den Ablauf genau gemerkt. Doch bereits zu Beginn des Zu-Bett-Gehens kommt es zum ersten Eklat. Rudi kann nur die erste Strophe des Liedes, nicht aber die zweite. Beim Gute-Nacht-Sagen kennt er die genaue Abfolge der Gegenstände nicht, und das übliche Gebet kann er auch nicht auswendig. Die Kinder weinen empört und sind nur noch schwer zu beruhigen. Rudi schwört, dass er sein Angebot, die Kinder zu hüten, nicht so rasch wiederholen will.

Wichtig zu wissen

So schön und intim Rituale in einer Familie sind, überlegen Sie sich genau, was Sie als Eltern einführen. Kinder werden in der Regel auf lieb gewonnene Abläufe nur mit großem Protest verzichten. Rudi hat es als Babysitter wirklich schwer, denn er hat wenig Chancen, diese komplizierten Abläufe einzuhalten. Einfache Rituale dagegen sind sehr wichtig und für die Kinder oft ein deutliches Signal. Eine kurze Geschichte vor dem Einschlafen, das morgendliche Kuscheln nach dem Wecken, das kurze Winken nach dem Verlassen des Hauses, der geheime Willkommensgruß zwischen Vater und Sohn oder Tochter: Das alles sind Rituale, die Kinder lieben und die ihnen Sicherheit und Geborgenheit vermitteln.

Rituale entwerfen

Praxistipps

Gibt es feste Rituale in Ihrer Familie? Wenn Sie nicht mindestens drei auf Anhieb aufzählen können, wird es dringend Zeit, sich welche zu überlegen:

- Haben Sie einen kurzen, klaren und liebevollen Ablauf beim Ins-Bett-Gehen?
- Wie beginnen Sie eine gemeinsame Mahlzeit?
- Gibt es einen Abschluss einer Mahlzeit, oder steht jeder auf, wann es ihm passt?
- Wie werden Familienmitglieder verabschiedet oder begrüßt?

Wenn Sie eine Lücke in Ihrem Rituale-Netz entdeckt haben, dann entwerfen Sie mit den Kindern ein Ritual, das Sie gemeinsam ausprobieren und ggf. auch verändern.

Zeit für Schönes

Praxistipps

Zuletzt noch eine Putzidee, die Ihre Gemeinschaftsräume auf Hochglanz bringen wird. Je häufiger Sie sich mit der gesamten Familie Zeit füreinander nehmen und diese angenehm und für alle bereichernd nützen, desto weniger bleibt Zeit für Ärger, Konflikte und Stress. Kin-

der, die täglich positive Aufmerksamkeit erleben, haben es nicht nötig, sich durch unangemessenes Verhalten Aufmerksamkeit zu Hause oder anderswo zu erkämpfen oder die Geschwister zur Seite zu drängen. Partner, die sich gegenseitig sehen und sich Zeit widmen, gehen liebevoller miteinander um und zeigen in Krisenzeiten mehr Verständnis füreinander. Geschwister, die es nicht nötig haben, um die Aufmerksamkeit ihrer Eltern zu wetteifern, können es sich erlauben, einander zu mögen und sich miteinander zu freuen.
Überlegen Sie sich im Familienrat eine gemeinsame Unternehmung, an der alle Spaß haben. Legen Sie dieses Buch zur Seite und machen Sie etwas Schönes mit Ihren Kindern! Nicht später, nein, jetzt sofort! Wir wünschen Ihnen viel Freude dabei.

Literatur

Adler, Alfred (1929): *Individualpsychologie und Schule.* Fischer, Frankfurt

Baum, Heike (2003): *Mama, der ärgert mich immer! Über Streit und Eifersucht unter Geschwistern.* Kösel-Verlag, München

Dreikurs, Rudolf u.a. (2003): *Familienrat. Der Weg zu einem glücklichen Zusammenleben von Eltern und Kindern.* Klett-Cotta, Stuttgart

Faber, Adele/Mazlish, Elaine (1988): *Hilfe, meine Kinder streiten. Ratschläge für erschöpfte Eltern.* Droemer, München

Jung, Mathias (2001): *Geschwister.* emu-Verlag, Lahnstein

Kaniak-Urban, Christine (2002): *Jedes Kind hat seine Stärken. Typgerecht erziehen, seelische Nöte erkennen, Kompetenzen fördern.* Kösel-Verlag, München

Kast-Zahn, Annette (2002): *Jedes Kind kann Regeln lernen.* Oberstebrink Verlag, Ratingen

Klosinski, Gunther (Hg.) (2000): *Verschwistert mit Leib und Seele.* Attempto Verlag, Tübingen

Ley, Katharina (Hg.) (1995): *Geschwisterliches.* edition diskord, Tübingen

Martens, Gabriela (2005): *Streit gehört dazu. Wie wir Konflikte in der Familie verstehen und lösen.* Kösel-Verlag, München

Petri, Horst (1994): *Geschwister – Liebe und Rivalität.* Kreuz Verlag, Stuttgart

Prekop, Jirina (2000): *Erstgeborene. Über eine besondere Geschwisterposition.* Kösel-Verlag, München

Rosenberg, Marshall (2004): *Gewaltfreie Kommunikation. Eine Sprache des Lebens.* Junfermann, Paderborn

Rosenberg, Marshall (2004): *Erziehung, die das Leben bereichert. Gewaltfreie Kommunikation im Schulalltag.* Junfermann, Paderborn

Rufo, Marcel (2004): *GeschwisterLiebe, GeschwisterHass.* Piper, München